輪椅上宣戰

挽救資本主義、擊敗法西斯

美國任期最久的總統

小羅斯福

Franklin Delano Roosevelt

陳深名　著

他，在經濟大蕭條時力挽狂瀾，是美國人最堅強的靠山

他，後半生與輪椅為伴，疾病卻無法停下他柔韌而堅毅的政治步伐

他，與林肯、華盛頓齊名，是美國最偉大的總統之一……

崧燁文化

目錄

故事導讀……5
第一章　哈德遜河畔的荷蘭後裔……9
第二章　格羅頓公學生活……23
第三章　就讀哈佛大學……35
第四章　與艾莉諾結婚……47
第五章　政治上嶄露頭角……57
第六章　海軍助理部長……69
第七章　厄運降臨……81
第八章　臨危受命任州長……95

目錄

第九章　問鼎白宮……109
第十章　宣誓就職新總統……125
第十一章　「百日新政」……137
第十二章　第二次新政……151
第十三章　連任美國總統……165
第十四章　風雲變幻中的美國總統……179
第十五章　第三次連任總統……195
第十六章　大西洋會議……209
第十七章　珍珠港大轟炸……221
第十八章　由防禦到反攻……233
第十九章　四度連任……243
第二十章　未完成的畫像……253
羅斯福生平大事年表……263

故事導讀

富蘭克林·德拉諾·羅斯福（Franklin Delano Roosevelt，一八八二～一九四五），二十世紀最偉大的美國總統，也是美國歷史上唯一蟬聯四屆（第四屆未任滿）的總統。在二十世紀的經濟大蕭條和第二次世界大戰中，羅斯福扮演了重要的角色，與華盛頓和林肯齊名，被學者評為是美國最偉大的三位總統之一。

一八八二年，羅斯福出生於美國紐約州哈德遜河畔海德公園村的荷蘭裔望族家庭。童年時代的他生活優裕，但同時又受到了嚴格而溫厚的訓導。而頻繁的跟隨父母到全國和歐洲各地旅遊，又讓他自幼見多識廣，使他熱愛船舶和海上旅行。

四年的哈佛求學生涯，給羅斯福帶來的那種潛移默化而又全方位的影響令他受益終生。一九〇五年，羅斯福與遠房親戚、美國第二十六任總統狄奧多·羅斯福的侄女艾莉諾·羅斯福結婚。在分享總統榮耀和某些優越條件的同時，一條平行延伸的軌道——在仕途上與「總統表叔」比肩看齊——不期而至並從此橫恆在羅斯福的意識深處。

故事導讀

憑藉著自己的銳意進取和頑強抗爭，以及對自己的事業所抱有的沉靜而絕對的自信，羅斯福一步步從紐約州議員、海軍助理部長、紐約州州長最終走向了美國總統的寶座。

在三十九歲的壯年之時，羅斯福不幸患上了脊髓灰質炎（小兒麻痺症），從此終生與支架和輪椅為伴。面對命運的劫難，羅斯福堅毅不屈，他將這飛來橫禍當成是冥冥之中早已預定的命運之約。這種柔韌綿長而堅定的信念讓他永遠保持夢想，政治明星的職業末日感也隨之消解。

一九二九～一九三三年的美國經濟大蕭條，為羅斯福一展抱負提供了壯闊的出場布景。千百萬孤苦無依的美國人民，在寒冷的冬日裡聽到了一個清晰而有力的聲音——「我誓為美國人民實行新政」。

羅斯福的兩度「新政」，不僅挽救了美國的資本主義制度，還調整了它的內在結構和運行機制，對緩解經濟危機、促進經濟復甦影響深遠。

第二次世界大戰爆發後，羅斯福再次被推向舉世矚目的歷史舞台。他以智慧和耐力將一個有著悠久孤立主義傳統的美國，逐漸轉變為反法西斯聯盟的強有力支柱。

美國參戰後，作為美利堅合眾國武裝部隊的總司令，羅斯福運籌帷幄，統馭全域，促進了國際反法西斯聯合戰線的建立。他的視野還越過戰爭的硝煙而投向未來，將自己的夢想寄託在戰後世界和平組織之上，成為聯合國的締造者。

一九四五年四月十二日，即在德國希特勒投降前夕，羅斯福因突發腦溢血病逝。

故事導讀

第一章　哈德遜河畔的荷蘭後裔

做偉大的事情，享受驕傲的成功，哪怕遭遇失敗，也遠勝過與既不享受什麼、也不承受什麼痛苦的可憐蟲為伍，因為他們生活在不知道勝利和退敗為何物的灰暗混沌地帶。

——羅斯福

第一章　哈德遜河畔的荷蘭後裔

（一）

在美國歷史上，有兩位姓羅斯福的總統，一位是第二十六屆總統狄奧多·羅斯福；另一位是他的本家侄子，美國第三十二屆總統富蘭克林·德拉諾·羅斯福。他們雖然屬於不同的支系，但都屬於荷蘭移民。到富蘭克林·羅斯福出生時，羅斯福家族已經有幾代人在哈德遜河畔生活了。

哈德遜河是十七世紀初以其發現者、英國航海探險家亨利·哈德遜而命名的河流。它的源頭可以追溯到毗鄰加拿大的紐約州北部，全長近五百英里，在流經奧爾巴尼後蜿蜒南下，縱貫紐約市區，注入大西洋。

在十七世紀初，荷蘭移民紛紛沿著哈德遜河在河谷兩岸定居，建立了新尼德蘭殖民地。大約在一六四三年前後，有一位名叫克拉斯·馬騰森·范·羅森菲爾德的荷蘭人，隨著移民潮來到了新阿姆斯特丹（今紐約市）登陸，隨後在附近定居下來。

隨著歲月的流逝，故鄉荷蘭那個瀕海的羅森菲爾德村已經逐漸在移民者腦中模糊。羅森菲爾德這個荷蘭發音的姓氏也在北美這個移民大熔爐中逐漸變成了羅斯福。

克拉斯的兒子尼可拉斯生有兩個兒子，長子約翰尼斯是羅斯福家族的第一支系始祖，世居在紐約奧伊斯特灣，這一支系的第五代子孫中，便出了狄奧多·羅斯福

（一八五八～一九一九），成為美國第二十六任總統；次子雅各斯即羅斯福家族第二支系的始祖，後來定居在海德公園村。富蘭克林．羅斯福就是這一支系的第六代子孫。

定居在哈德遜河畔的羅斯福家族幾乎都有一個共同的特點，就是頭腦靈活，視野開闊。他們經過辛勤的勞動，日子過得都不錯，有的甚至還爬上了社會的高層，成為殷實的富戶。

在雅各斯這一支系中，長子都一直沿用著以撒－詹姆斯－以撒－詹姆斯這樣的交替命名法。雅各斯的兒子以撒是個精明能幹、頭腦機靈的人。在狄奧多．羅斯福進入白宮之前，他是這個家族中最具有名望的人。他是個銀行家、實業家和政治家，並因為婚姻關係而成為貴族中的一員。

不過，他完全不同於他那一等級中仍然效忠於英國喬治三世的許多人。為了美國的獨立事業，他甘願冒犧牲生命和喪失財產的安全，在紐約地方議會中任職，成為代表該市的最初兩個州參議員之一。美國獨立後，他還積極支持憲法，成為爭取批准憲法的先鋒。

以撒的長子詹姆斯．羅斯福也是一位較有成就的人，曾以北部聯邦同盟盟員的身分進入紐約州議會，擔任過一屆議員。不過，他的主要業務是在普魯斯特一帶經營製糖業

第一章　哈德遜河畔的荷蘭後裔

和銀行，同時兼營牧馬業，還在哈德遜河河谷從事土地投機生意。

詹姆斯．羅斯福的兒子以撒．羅斯福第二，也就是富蘭克林．羅斯福的祖父，是個生性淡泊、與世無爭的人，曾在普林斯頓大學攻讀醫學和植物學，畢業後便醉心於植物學和養馬，成了一名富裕而悠閒的鄉紳。

以撒．羅斯福第二的第二個兒子，即詹姆斯．羅斯福第二，也就是富蘭克林．羅斯福的父親，一八二八年生於海德公園村，一八四七年畢業於聯邦學院。

青年時代，詹姆斯是個思想激進、富有朝氣、崇尚自由的浪漫主義者。在他剛剛二十歲時，便在母親的支持下，於一八四八年在動盪的歐洲進行了一次重要的旅行。當時，正值加里波第的「紅衫軍」為義大利擺脫奧地利的控制而苦苦爭鬥之時，詹姆斯義無反顧的加入到「紅衫軍」中，幫助正義者戰鬥了一個多月。

在回到家鄉後不久，詹姆斯就進了哈佛大學法學院，並於一八五二年完成了學業，成為羅斯福家族中從哈佛畢業的第一人。

此後，詹姆斯棄法從商，成為一名典型的紐約商人，主要經營煤炭和鐵路運輸業務。他還擔任德拉維爾－哈德遜運河公司的副董事長，以及幾家較小運輸公司的董事長和其他一些公司的董事。他的商業收益令他可以維持他那在海德公園村家族的浩大開支。

可以說，詹姆斯·羅斯福當時所擁有的財富和地位達到了海德公園村羅斯福家族的頂峰。身為民主黨人，他還資助過格羅弗·克里夫蘭的競選，與克里夫蘭私交甚篤。作為回報，克里夫蘭欲委任詹姆斯為駐荷蘭公使，但卻為無意於仕途的詹姆斯所拒絕。他始終都過著自由、悠閒的鄉紳生活。

（二）

一八五三年，二十八歲的詹姆斯與二十二歲的蕾貝卡·霍蘭結婚，次年生下一個兒子羅西·羅斯福。他就是富蘭克林·羅斯福同父異母的兄長。

一八七六年，蕾貝卡溘然長逝，詹姆斯非常傷心。從此，海德公園的美麗夜晚不免變得有些冷清、單調。好在詹姆斯生性樂觀，熱愛生活，兒子羅西也於一八七七年以優異的成績從哥倫比亞大學法學院畢業，隨後又娶了艾斯特夫人的女兒海倫·艾斯特為妻。

一八八〇年春，詹姆斯在奧伊斯特灣支系老狄奧多·羅斯福（狄奧多·羅斯福的父親）家中舉行的一個小型晚會上，遇到了美麗的莎拉·德拉諾。成熟儒雅、風趣幽默、健康且顯得很年輕的詹姆斯很快就博得了莎拉小姐的歡心。兩人幾乎是一見鍾情。

莎拉·德拉諾的父親華倫·德拉諾是一位遠近聞名的富商，三十歲以前在中國做生

第一章　哈德遜河畔的荷蘭後裔

意發了財；她的母親凱薩琳·萊曼出身於麻薩諸塞州的另一個望族。華倫在發財後，便在哈德遜河西岸紐堡附近買了一處名為阿爾戈納克的莊園。一八五四年，莎拉就出生在這裡。

莎拉自幼就生活在優雅舒適的環境當中，受到過良好的學校教育。她雍容華貴、落落大方，對美國上流社會的生活也十分熟悉。因此，當詹姆斯第一眼見到莎拉時，就被她深深的迷住了。

一八八〇年十月，詹姆斯與莎拉在莎拉·德拉諾的家園阿爾戈納克莊園舉行了婚禮。在經歷了幾個月風光旖旎的歐陸之旅後，兩人回到了海德公園舒適的家中。

這一年，詹姆斯五十二歲，莎拉二十六歲，正好與詹姆斯的長子羅西同齡。

回首當年，莎拉認為她那次到紐約的老狄奧多·羅斯福家中做客是她一生中最為重要的一件事。後來，她曾對兒子富蘭克林·羅斯福說：

「如果我當時不去那裡，我現在可能還是一個孤寂一生的『老女人德拉諾』。」

但是，她獨守空閨並不是因為無人前來求婚。按照她父親的說法，「年輕人絡繹不絕的向她求愛」。但在父親看來，這些要娶他女兒的人根本都配不上她。他們不是太年輕，就是年紀太大，或者缺乏社會地位、名望，要不就是覬覦她將來要繼承的一百萬美元遺產才來追求她。

只有詹姆斯·羅斯福是個例外。莎拉對詹姆斯一見面就產生了好感，並深深的愛上了他，而且忠貞不渝。

一八八二年一月三十日上午八點，詹姆斯與莎拉的愛情結晶降臨了。在臨產時，莎拉母子險遭不幸。波基布希市的愛德華·派克醫生給莎拉注射了過量的氯仿進行麻醉，致使莎拉不省人事。而嬰兒生下來後，也因昏迷過度而臉色發青，醫生連打幾下臀部都沒有哭聲。無奈之下，派克醫生只好對嬰兒進行人工呼吸，才令嬰兒甦醒過來，隨即發出一陣清脆的哭聲。

後來，莎拉也漸漸甦醒過來。一場虛驚後，母子平安。

當天晚上，詹姆斯愉快的在他的日記中記道：

「我的莎拉生下了一個胖胖的男嬰，非常可愛，體重十磅，不算衣服。」

這個男孩是他的父親在五十四歲時得到的「老萊子」，因此備受父母的寵愛。這種寵愛在夫婦二人為孩子取名時便得到了充分的體現。

詹姆斯希望孩子的名字應該按其父名叫以撒，以維持從一六九二年以來羅斯福家族他這一支從詹姆斯到以撒的循環；而莎拉則堅持要以自己的父親的名字為孩子取名為華倫·德拉諾。

夫妻倆為此爭論不休，以至於孩子出生兩個月了還沒有名字。直到一八八二年三月二十日，嬰兒在海德公園村的聖詹姆斯主教派教會的小教堂舉行洗禮時，才被命名為富蘭克林·德拉諾·羅斯福。這是莎拉最喜愛的一位伯父富蘭克林·休斯·德拉諾的名字。

(三)

富蘭克林·羅斯福的童年時代愉快而安寧。良好的家庭環境為他的成長提供了優裕的條件。家裡的住宅舒適而寬敞，房頂上還有一個可以眺望大海的平台，圍繞著整棟房子的是修剪整齊的花壇、草坪和各種高大的樹木。

小富蘭克林的嬰兒房設在三樓，透過窗戶就可以看到遠處美麗的風景。他也會常常被母親抱上樓頂的平台，眺望哈德遜河的美麗景致和湛藍的大海。

整個哈德遜河谷肥沃的土地都只歸紐約州十幾家名門望族所有。羅斯福家的鄰居也大多都是實業界的大人物，如范德比爾特、羅傑斯、艾斯特、奧格頓等，都住在附近。小富蘭克林小時候經常與這些人家的孩子一起玩耍。

同父異母的哥哥羅西比富蘭克林大二十八歲，常常給予他父親一般的呵護。不過不久後，他就去了維也納大使館擔任祕書工作，圓了他外交家的夢。

家中除了父母外，還住著家庭教師、保姆、女僕、廚師、車夫、馬童、雇工等，出入的大都是同羅斯福家族和德拉諾家族關係密切的人。蕾貝卡去世後，曾一度冷清的海德公園再次熱鬧起來，這也讓小富蘭克林從小就沒有感到過孤單。

小富蘭克林長著一雙碧藍的大眼睛，鼻梁挺拔端正，一頭金色的鬈髮，穿著德拉諾家族沿襲下來的蘇格蘭式短裙和黑天鵝絨童裝，顯得英俊而神氣，很招人喜歡。

在年幼的富蘭克林眼中，父親和藹可親，宛如一個知心的導師和遊伴，對他提出的各種古怪問題簡直是無所不知。父親舉止文雅，留著滿臉的落腮鬍子，穿著帶馬刺的靴子，頭上戴著一頂圓頂硬禮帽，手中拿著短柄的馬鞭，並且手頭總有五百美金。這一切都對小富蘭克林產生了極大的吸引力，所以他總是喜歡纏著父親一起玩耍。

在整個童年時期，羅斯福同父母待在一起的時間都要大大多於同周圍的孩子們一起玩耍的時間。每到夏天，他就會跟著父親一起去巡視莊園、騎馬、打獵，或者在哈德遜河邊釣魚、游泳、划船。每天，他還會步行到村口取郵件。那裡除了有近期的報紙外，還有他愛看的各種兒童畫報和畫冊。

天氣一入冬，他就和夥伴們一起跑到哈德遜河畔去觀看大人們把大塊大塊的冰從河

第一章　哈德遜河畔的荷蘭後裔

里拉上岸來，然後一路吆喝著運回各自家中的冰窖。他還喜歡穿著新的雪靴與父親一起到河面上溜冰、划冰船、滑雪橇。有一隻雪橇據說還是當年俄國人專門為拿破崙三世定做的，後來一八六一年被詹姆斯從巴黎購買後運回美國。

在很小的時候，富蘭克林就學會了騎馬。到七歲時，他就擁有了一匹屬於自己的小馬。他的父親還送給他兩隻小狗作為生日禮物，小狗的餵養和洗滌都由他自己完成。

等他稍微長大一點時，父親又從歐洲給他買回來高爾夫球，讓他練習玩耍。

年老的父親就像祖父一樣愛著小富蘭克林，但卻不像祖父那樣慣著他、溺寵他；而他年輕的母親也像其他母親那樣，非常喜歡這個聰明可愛的獨子，但也沒有寵壞他。詹姆斯和莎拉都深知，只有透過嚴格而充滿愛撫的教導和訓練，才能引導孩子健康成長。所以，莎拉為孩子的成長制定了各項訓練計畫，認為這是一項旨在「使富蘭克林心靈純潔高尚的計畫」，而且從不姑息富蘭克林的任何過錯。

小富蘭克林愛發脾氣，莎拉覺得這個習慣很不好。於是，以後當富蘭克林準備發脾氣時，她就不再陪他玩了，並且告訴他，如果他不學會乖乖認輸，她就再也不和他一起玩。漸漸的，小富蘭克林改掉了自己的這個壞毛病。

這樣做看起來似乎有些不近情理，但對富蘭克林的成長卻是大有好處。正如莎拉所說的那樣，她的計畫是「在做法上讓富蘭克林從未意識到他不是在[illegible]子[illegible]事」。

在整個童年，富蘭克林都需要符合母親規定的各項標準。莎拉和富蘭克林之間存在著一種溫暖體貼的關係，她給他以安全感和充分的信心，賦予了他那終生保持著的威嚴不可侵犯的氣度。

(四)

在父母的認真教育和嚴格要求下，富蘭克林還培養了多方面的興趣，並累積了豐富的知識。在十一歲時，富蘭克林已經收集了三千多種飛禽標本，而這些飛禽都是他自己用獵槍打下來的。他還能很準確的說出哈德遜河兩岸的樹林中有哪幾類鳥。

他的外祖父華倫·德拉諾見富蘭克林喜歡鳥類，非常高興，還給他弄到了一個美國自然歷史博物館終身館員的資格。這樣，富蘭克林就能隨時到博物館中參觀。

富蘭克林的另一個愛好是收集郵票，這一愛好在他八歲時就已初露端倪。他著迷的收集各種郵票，陶醉於將世界各國的郵票都收納在自己的集郵簿中。

當舅舅弗雷德發現富蘭克林非常認真的擺弄著他那少得可憐的郵票時，就將自己珍

第一章　哈德遜河畔的荷蘭後裔

藏多年的集郵簿送給了他，作為他九歲的生日禮物。這讓富蘭克林非常高興。

後來，父母經常帶他遠遊歐洲，他的集郵範圍也日漸廣闊，其範圍之廣、價值之高，幾乎達到了驚人的地步。而且，這一愛好也成為他的終生愛好，從未間斷。

從富蘭克林三歲開始，詹姆斯和莎拉就恢復了慣常的定期遠遊，帶著他在歐洲度過了整個冬季。次年四月，他們再一起返回哈德遜河畔。

在此後許多年裡，詹姆斯和莎拉都繼續帶著富蘭克林進行每年一次的歐洲之行。在十四歲以前，富蘭克林已經去過歐洲九次了，遊覽了歐洲的大部分地方。而且在這些年中，他每年都有幾個星期的時間是在船上度過的。在七～十四歲這個對知識吸收性最強的年齡段中，富蘭克林懂得了許多關於英、法、德等國家的事情，並且像做遊戲一樣學習著各國的語言，成為美國歷史上少有的能講法、德兩種語言的總統。

有了這樣的經歷，富蘭克林的視野也得到了極大的開闊，懂得了他國人民的特性和才幹。對他來說，誰也不是異邦之人，在他的心中漸漸形成了一種「世界情結」。而且，這種經歷也培養了他的一種特性——可以很快領悟到親眼看到的事物，不必像其他人那樣，需要到書本中搜尋。

由於童年的獨特經歷，富蘭克林對海上航行也產生了濃厚的興趣，對童年的憶就是跟隨父親乘船出海。這些經歷加上多次歐洲之行，不僅讓他掌握了駕船的技術，學習到了一位高明水手所必須具備的航海知識，還培養了他戰勝狂風惡浪的勇氣。

當他的個子還沒有長到父親的那只五十一英尺長的「半月」號縱帆船駕駛盤那麼高時，他就已經在船上掌舵了，甚至在颳風的時候也敢出航。十六歲時，他就有了自己的小船——一隻二十一英尺長的單桅快艇「新月」號。他曾駕駛著這只船勘探過芬迪灣多岩的海岸。

許多年後，當富蘭克林當上了海軍助理部長時，他發現在自己年少時對這一海岸掌握的知識非常有用。有一次，在視察緬因州沿岸弗倫奇灣的海軍設施時，他曾親自駕駛一艘驅逐艦通過坎波貝洛與大陸之間的危險通道。他熟練的駕駛技術博得了海員們的一致稱讚。

在這種養尊處優的家庭中長大，富蘭克林可以說要什麼有什麼，一切都是現成的。然而，這並不是說羅斯福一家對於貧困就一無所知。他的家族具有為社會服務的良好傳統，他的父母都深感自己對貧困不幸的人們負有義務，而且將這種義務感深深的印刻在孩子的腦海中。所以，羅斯福一家不僅對美國的上層社會有著廣泛的了解，與下層民眾也有多方接觸。可以說，他們對政治有著特殊的敏感。

第一章　哈德遜河畔的荷蘭後裔

在富蘭克林五歲那年，父親詹姆斯帶著他到白宮拜見自己的老朋友克里夫蘭總統。總統想委任詹姆斯為美國駐荷蘭的公使，但詹姆斯謝絕了這一任命。他說：

「總統先生，我是個胸無大志的人，我的主要願望是使妻子莎拉幸福，還想著為我們的小兒子富蘭克林今後美好而有益的一生打下一個基礎。」

在富蘭克林的記憶中，這位美國總統面容憔悴，心情抑鬱，正在為國內的政治、經濟難題而焦頭爛額。當詹姆斯與兒子起身準備告辭時，克里夫蘭撫摸著小富蘭克林的頭說：

「我的小朋友，我要向你表示一個奇怪的祝願，那就是祈求上帝永遠不要讓你當美國總統。」

這句話在這個早熟的五歲孩子幼小的心靈中留下了深刻的印象，從而讓他認識到入主白宮是一件非常不容易的事。

第二章　格羅頓公學生活

也許個性中，沒有比堅定的決心更重要的成分。小男孩要成為偉大的人，或想日後在任何方面舉足輕重，必須下定決心，不只要克服千重障礙，而且要在千百次的挫折和失敗之後獲勝。

——羅斯福

第二章　格羅頓公學生活

（一）

在富蘭克林七歲時，父母就以極大的責任感和自信著手安排他的學習。當時，海德公園村有一所學校，但詹姆斯和莎拉不願讓兒子去同一般人家的子女那樣接受普通的教育。

一開始，富蘭克林在鄰居羅傑斯家的一個由德國女教師主持的小班裡學習。後來，詹姆斯不斷為兒子請來家庭女教師和私人教師。第一位女教師萊茵哈德負責教授富蘭克林德語和小學課程，教學效果良好，富蘭克林學習也很快。可惜的是，她後來因病住進了精神病醫院。

接替萊茵哈德的是來自瑞士的一位名叫米爾．汀．桑托斯的女教師，她負責每天教富蘭克林學習六個小時的法語、英語和歐洲史。

具有一些模糊的社會正義感的桑托斯小姐設法讓富蘭克林的思想超出了家庭規定的範圍，第一次讓他了解到海德公園以外的廣闊世界的苦難和紛擾。

在富蘭克林十歲時，他寫了一篇關於埃及的作文裡，其中寫道：

「勞動者一無所有……國王要要強迫他們做重活，可給他們的東西卻少得可憐！他們瀕臨餓死的邊緣，沒有食物吃，沒有衣服穿，大批大批的死亡！」

這時的富蘭克林開始閱讀大量的書籍，尤其喜歡讀馬克·吐溫的作品。後來，他曾對人說：

「如果有人喜歡我的措辭和演講風格的話，那麼這在很大程度上是因為我長期閱讀馬克·吐溫作品的結果，它們對我的影響比其他作家的作品都要大。」

他還經常一個人待在樓上，專注的閱讀那些已經讀了很多遍的關於海洋的寓言故事，還有那些記錄十九世紀初捕鯨船的航海日誌。

另外，母親莎拉也經常指導兒子閱讀一些內容嚴肅的書。在九歲時，富蘭克林就認為在所有的雜誌中，《科學人》是最好的，而通常在他這個年齡段的孩子是很難對這類雜誌產生興趣的。

在十四歲以前，富蘭克林接受的基本都是非正式的家庭教育，沒有超越家庭的範圍。只有一年，詹姆斯要到一個德國的海濱養病，他們全家到了那裡。小富蘭克林被送到一所紅磚築成的德國民族學校上了六個星期的學。德國老師對富蘭克林的評價是「風度翩翩」、「聰明過人」。

到了一八九六年，富蘭克林已經十四歲了。通常來說，像他這樣家境和年齡的孩子，都已經讀完七年的正規學校和二年的寄宿學校了。後來，母親莎拉在回憶起富蘭克

第二章　格羅頓公學生活

林的童年時，深以未能早日讓他入學為憾。

但是，人們通常認為是母親莎拉不捨得兒子離開家去上學。最終，詹姆斯說服了莎拉，莎拉才勉強同意送兒子到學校去。

一八九六年九月，十四歲的小富蘭克林終於離開母親的懷抱，進入一所寄宿學校讀書。這所學校就是由斯迪克特·皮博迪博士創辦的著名的格羅頓公學。

皮博迪博士一八五七年出生於新英格蘭最富有的家族之一，畢業於英國劍橋大學。成年後，他不願意隨父親進入工商界，而是在一個偏僻的礦區擔任牧師。

一八八三年，他來到格羅頓——一所位於波士頓西北部四十英里的小城鎮。在這裡，他創辦了一所公學，類似於英國上流社會專門為富家貴族子弟進入名牌大學作準備的學校，

皮博迪的辦學方針很特別，他強調為社會服務的精神，要求學生不要自命清高，而要投身到政治之中。他認為，學校的職責就是培養新的一批具有高度社會責任感的有教養的領導人，以便扭轉美國南北戰爭之後道德標準低落的情況。「心悅誠服的服務於上帝」是皮博迪博士傳播的箴言，他向全國的社會名流子女們布講這個服務福音——服務於上帝，服務於國家，服務於人類。他宣告：

「如果格羅頓學校的某些學生將來沒有投身政界，為我們的國家作一些貢獻，那不是因為他們沒有受到激勵。」

對富蘭克林·羅斯福來說，除了自己的父母之外，對他影響最深的就是格羅頓學校了。在這裡，他度過了四年的時間，而且終生都與校長斯迪克特·皮博迪博士保持著一種出自真摯與懷有敬慕之情的交往。正如他後來對皮博迪博士所說的那樣：

「四十多年前，您在老教堂講道時談到，在今後生活中不能放棄兒時的理想。這些理想就是格羅頓思想——是您教導的——我努力不將其忘記。您的話現在還銘記在我的心裡。」

（二）

格羅頓公學學費高昂，規模不大，僅有一百五十名學生左右，學制是六年，而且專收男生。但創建不久，它就與美國那些歷史悠久的貴族子弟學校一樣享有盛名了。

早在富蘭克林·羅斯福剛剛兩歲的時候，詹姆斯就在該校為他註冊了。在富蘭克林十四歲時，詹姆斯設法讓他插入該校的三年級，不必再從一年級讀起。

格羅頓公學灌輸的是強有力的基督教義，提倡斯巴達式生活。在海德公園的家中，富蘭克林擁有一間可以俯瞰草坪的舒適房間；而在學校中，他寄宿在一間寬六英尺、長十英尺的房間中。而且，這裡的房間中只有一些生活必需品，入口處掛著簾子，聊以代門。

每天早晨七點鐘，學生們就要準時起床，然後在宿舍監督的吆喝聲中去洗冷水澡。不論什麼季節，天天如此。

八點十五分，孩子們要作早禱，接著去上課。一天的正餐是安排在中午，下午的其他時間也排滿了課程和必須參加的各項體育鍛鍊。課程結束後，需要再洗一個冷水澡，然後穿上黑皮鞋去吃晚飯，接著是晚禱和自習。

皮博迪的教育思想體系一點也不複雜，他十分明確他的教育目的，就是他在給學生的訓話中所說的那樣：

「要培養出勇敢的基督性格，不僅重視智力發育，還要重視道德和體力方面的發展。」

他希望格羅頓公學的這些貴族子弟們將來能夠成為社會的棟梁之才，造就一個「有行動、有信仰、思想健全的人」，而不是整天只知道冥思苦想的學者。

不過，格羅頓公學並沒有刻意向學生們灌輸或傳授任何從事政治活動的專門本領。

皮博迪校長號召全體教師們要積極對學生進行獻身政治的勸勉，而且自己還以身作則。

皮博迪認為，政治是一項社會改革運動，參與者必須誠實，絕不能與惡劣行徑和腐敗勢力相勾結，這樣國家政治才能「變得清明」。

顯然，這些空洞的理論與當時美國政治嚴酷的現實是有很大差距的。而且它對羅斯福日後成為一位政治家所產生的影響，也未必有皮博迪後來所宣稱的那麼大。在格羅頓中學，富蘭克林·羅斯福唯一學會的政治技巧似乎就是一種有力的辯論術。他和同學們經常就「美國海軍應該擴大」、「夏威夷應歸併美國」、「菲律賓應該獨立」以及社會改良等議題，分成正反兩方面展開辯論。

到了六年級的學術辯論會上，他已經掌握了一些不再是單純從學理上和邏輯上進行辯論的竅門，並屢屢能夠出奇制勝。

格羅頓公學的教學方法比較獨特。雖然學校的宗旨是培養國家領導人，但奇怪的人，學校幾乎不講授有關美國的課程。教師們都十分賣力的讓孩子們熟悉各種英文經典著作，每天晚上為他們誦讀。

在第一學期，富蘭克林學了拉丁文學、希臘文學，以及法國和英國文學等，還有希臘和羅馬的歷史、代數、神學、自然科學等課程。

第二章　格羅頓公學生活

富蘭克林的第一次成績單顯示，按標準的十分制計算，他得了較好的七點七九分，在全班同學中名列第五名。

但是，他的體育成績比較差。格羅頓公學是十分崇拜體育明星的。皮博迪校長認為，一個合格的學生應該是一位合格的運動家，應該有運動健將的拼搏精神和豪爽的風度。可富蘭克林身材瘦高，體力也不能支持格羅頓盛行的橄欖球、籃球和划船等項目。他擅長網球、高爾夫、騎馬和帆船駕駛等，但這些科目在學校裡又不時興。

不過，富蘭克林可不是一個甘願認輸的孩子。他自行組織了橄欖球啦啦隊，還自願充當籃球隊管理員。這樣，他與學校中許多著名的球員關係密切起來。

富蘭克林在剛剛進入格羅頓公學時，操著一口濃重的英國口音，而且有些不太合群。因為學校中還有一個年齡比他大，但名聲不太好的侄子，因此同學們給他取了個綽號叫「富蘭克叔叔」。

但富蘭克林很快就學會了如何與同齡人相處，克服了一般插班生因突然面對全新環境而容易產生的那種羞怯、焦慮、失落等不適應症，從容不迫的進入了角色。他「冷靜、沉著、聰明，臉上總掛著最熱情的、最友好的和最充分體諒別人的微笑」。

在進校的第二年，富蘭克林還獲得了「嚴格守時獎」，老師們也很少給他記過品行不良。他盡量調整自己的一言一行，使之完全符合格羅頓公學的傳統規範。因此，皮博迪校長在向富蘭克林的父母報告說：

「在我的印象中，他是個聰明和誠實的學生，也是個好孩子。」

(三)

一八九八年，美西戰爭爆發。受愛國熱情所驅使，十六歲的富蘭克林打算從格羅頓溜走前去參軍。他和一位名叫萊斯洛浦·布朗的同學聽說波士頓正在招募海軍，就決定前去投效。

他們同一個向學生售麵包的小販祕密商量好，讓小販開著貨車到學校去，設法偷偷把他們拉出去，然後載到車站，最好能在學校當局未發現他們的去向之前平安的在波士頓報名投軍。

可是，就在他們準備出發的前夜，幾個孩子忽然傳染上了猩紅熱，被隔離起來，失去了去參軍的機會。

不過，富蘭克林參戰的願望在另一個名叫羅斯福的身上得到了滿足。他就是富蘭克林的堂叔狄奧多·羅斯福。在擔任麥金利政府的海軍助理部長一職時，狄奧多·羅斯福對

第二章　格羅頓公學生活

發展美國海軍發揮了巨大作用。而且更加重要的是，他本人也曾親赴前線。一時間，狄奧多．羅斯福成為富蘭克林心目中的英雄。

在格羅頓公學的幾年中，富蘭克林一直都遵照皮博迪教導的社會福音教義，積極參加各種宗教活動和慈善活動，還協助開辦了照顧波士頓窮苦兒童的聖安德魯斯兒童俱樂部，參加新罕布夏州阿斯奎姆湖畔開辦的夏令營等活動。

他還曾接受教會的指派，去照顧一位美國南北戰爭中的黑人英雄的遺孀，每週要去看望她幾次，看她是否缺糧缺水，幫助她解決一些生活上的實際困難等。在富蘭克林看來，這是一件愉快而意義的事。

一九〇〇年六月，富蘭克林即將從格羅頓公學畢業了。在畢業典禮那天，狄奧多．羅斯福州長駕臨格羅頓公學，應邀作了一次鼓舞人心的演說：

「……一個人只要有勇氣、有善意、有智慧，那麼他所成就的事業就將是無限的。而當今我國的政治正需要這樣的人才。」

狄奧多．羅斯福精力旺盛，興致昂揚，他的演講深深的吸引了台下的聽眾。他將自己對道德健全的熱衷，以及對「緊張生活」的喜愛傳染給了這些美國青少年。

狄奧多．羅斯福的演講讓富蘭克林聽得熱血沸騰，他近乎英雄崇拜一般地帶頭鼓掌。

事實上，狄奧多也成為富蘭克林最初的政治啟蒙者。在年輕的富蘭克林看來，在狄奧多身上，除了認為心地純潔的人應更積極的參與政治，鄙視單純追求物質利益，以及為國家服務的精神之外，幾乎再沒有什麼深思熟慮的想法了。

六月二十五日，十八歲的富蘭克林結束了格羅頓公學的學習生活。在畢業授獎會上，富蘭克林意外獲得了拉丁文獎，獎品是一套四十卷的莎士比亞全集。後來，在描寫自己當時的心情時，富蘭克林的描述是——「心裡樂滋滋的」。

在富蘭克林的畢業證書上，皮博迪校長寫道：

「他是個誠實的學生，在整個學習期間，他在集體中的表現是非常令人滿意的。」

一九三二年底，富蘭克林·羅斯福當選為美國總統。處於新聞記者的鎂光燈下的皮博迪校長立即激動的當眾宣布：

「富蘭克林·羅斯福就是當年在格羅頓學習的少年，這是有據可查的。我認為，關於他在學校時的表現還應該多說幾句。他當時是一位沉著、冷靜的普通少年，他的才能要比許多同學強一些，在班裡表現比較傑出，但還算不上最優秀的學生。他的身體較弱，因此在體育方面沒有成就。不過，我們大家都很喜歡他。」

畢業典禮結束後，富蘭克林從格羅頓公校寄出了最後一封家信，其中寫道：

第二章　格羅頓公學生活

「搏鬥已經結束，戰鬥已經獲勝！」

今後，擺在富蘭克林·羅斯福面前的，將是另一個新的學習歷程了。

第三章　就讀哈佛大學

有學問而無道德，如一惡漢；有道德而無學問，如一鄙夫。

——羅斯福

第三章　就讀哈佛大學

（一）

從格羅頓公學畢業後，羅斯福打算進海軍學校，將來當一名海軍軍官，過一種自由的海上生活。

可是，羅斯福的想法與父母的希望相距太遠了。詹姆斯和莎拉認為，羅斯福是他們的獨生子，父親詹姆斯此時已經七十二歲了，海德公園村中有一份不小的產業日後需要他來接管。如果富蘭克林去參加海軍，日後回來的可能性就很小了。因此，父親建議羅斯福進哈佛大學學法律。詹姆斯認為，法律是通向「錦繡前程」的跳板。最終羅斯福接受了父親的建議，進入哈佛大學法律系。

其實在格羅頓公學念完五年級時，羅斯福已經讀滿了進入哈佛大學所必需的十六個學分；到六年級時，他已經習完了大學一年級的課程。所以，當他在一九〇〇年九月進入哈佛大學時，其實已經是大學二年級的學生了。

哈佛大學創建於一六三六年，比美利堅合眾國的誕生還要早四十年。它是為美國東部權勢集團造就上流社會接班人的名牌大學，有著悠久的歷史和足以自豪的傳統。在羅斯福家族當中，狄奧多·羅斯福與羅斯福的父親詹姆斯·羅斯福都是從哈佛大學畢業的。

哈佛大學的生活比較散漫，完全不像格羅頓公學要求得那樣嚴格。在總數一千七百多名大學生當中，有三百多名富家子弟，他們大多都忙於各種名目繁多的俱樂部的競選活動，或醉心於花天酒地的社交活動，幾乎整個學期都在吃喝玩樂，只有到了期末考試時，才會請私人教師進行突擊複習，應付考試。

在羅斯福進入哈佛大學時，哈佛大學正處於它的黃金時期。當時大學的校長查理斯·W·伊里亞德是該校歷史上最重要的三位校長之一。他大膽革新，改革傳統課程的設置，在大學中首創了選課制度，同時主張教育的首要目的是使科學文化為國家和社會服務。

在伊里亞德擔任哈佛大學校長期間，哈佛大學由一所小型的地方性大學迅速成長為文明世界的著名學府，匯聚了一大批的學術精英。在給羅斯福授課的老師中，就有美國歷史邊疆學派的創始人弗雷德里克·傑克森·特納教授，莎士比亞、喬叟和英國民謠專家喬治·基特里奇教授，心理學和實用主義哲學權威威廉·詹姆斯教授，著名經濟學家艾布拉姆·安德魯教授，政治學泰斗亞伯特·羅厄爾教授，以及向實用主義哲學流派勇敢挑戰的喬西亞·羅伊斯教授，等等。

當富蘭克林·羅斯福進入哈佛大學讀書時，他的堂叔狄奧多·羅斯福正處於他的政治生活上升期，成為一顆閃耀的政壇明星。由於對狄奧多·羅斯福的崇拜，富蘭克林·羅斯福決定沿著堂叔的這條路奮力前進，以期有朝一日能夠像堂叔一樣，爬上政治的頂峰。

出於這個目的，在哈佛大學期間，羅斯福並沒有像其他忙於社交和享樂的同學一樣尋歡作樂，而是集中精力在政治學習上。他選讀了特別適合政治生涯的課程，並將其中的歷史和政治作為主修課，將英語和演講作為副修課。同時，他還學習法文、拉丁文、經濟學和地質學。但後來羅斯福說：

「我在大學學習了四年的經濟學，可教給我的東西都是錯誤的。」

另外，羅斯福還希望從政治課中學到關於「實行一種政治制度的具體計畫——包括預選、選舉和立法的具體計畫」等等，但他的願望也沒有實現。為此，他曾抱怨國家法這門課程「好像一盞沒有電線的燈泡」，只知道強調立憲程序和抽象的法律基礎，不重視政治現實。

（二）

哈佛大學同美國的其他大學一樣，都很重視各種體育活動，可羅斯福的體格實在讓他不能出人頭地。雖然他的身高已經超過了一般人，但體重卻只有一百四十六磅，比標準的運動員的體重至少輕了二十磅。因此，學校的足球隊、划船隊等，羅斯福都不能入選。

不過，在其他一些方面他卻獲得了成功。

在大學二年級的時候，羅斯福就曾以《新阿姆斯特丹的羅斯福家族》作為題目寫了一篇論文。在論文中，羅斯福談到了自己家族的「進步性和真正的民主精神」時說：

「羅斯福家族具有活力的一個原因——也許是主要原因——就在於這種民主精神。他們從來沒有覺得由於自己出身高貴就可以遊手好閒而取得成功；相反，他們覺得正因為自己出身高貴，如果他們不能盡到自己對社會的責任，他們將得不到原諒。」

羅斯福這樣對本家族「真正的民主精神」進行宣揚，為自己日後進入政界提供了一定的理論基礎。這種「精神」之所以說是民主的，並不是指與群眾之間打成一片，或者主張人類的根本平等等；相反，它帶有一定的傑佛遜主義味道，即要求富貴的人要用自己的力量為「社會」謀求福利，而不光是為了賺錢。

羅斯福就是這樣開始形成自己對於精神遺產的看法的。這樣的看法，再加上狄奧多·羅斯福的榜樣和格羅頓公學的皮博迪博士的教導，推動了羅斯福參與團體和政治活動的積極性。

羅斯福在哈佛大學就讀期間，國內外政治風雲的變化也吸引了他的注意。當時，社會正處於兩個世紀的交替之時，全世界都動盪不安。中國爆發了義和團運動，美國還參與鎮壓；在南非，爆發了反對英國殖民統治的布林戰爭。

羅斯福很同情布林人的反抗鬥爭，參加了哈佛大學為在南非的英國集中營的布林人婦孺捐贈的組織，與當時哈佛普遍存在的保守性親英態度形成了鮮明的對比。

相對來說，美國國內的政治動向更能引起羅斯福的關注。在十八歲剛剛進入哈佛大學時，他就參加了哈佛共和黨人俱樂部，開始了自己最初的政治生涯。後來，他又被民主黨總統候選人威廉·布萊恩的綱領所吸引，轉而為布萊恩的競選出力。尤其有一點，羅斯福與布萊恩的觀點有共識，那就是認為美國對菲律賓的長期戰爭是一場罪惡的殖民戰爭。

不過，在政治社交方面羅斯福也有不盡人意的地方。當時，哈佛大學有許多等級森嚴的社交俱樂部，其中最高級的俱樂部大多是通向波士頓乃至全國上流社會的橋梁。

羅斯福曾經試圖參加一個很有聲望、名叫「伯爾柴蘭」的高級俱樂部。在二十多年前，他的堂叔狄奧多·羅斯福曾是這個俱樂部的會員。可不知什麼原因，這個俱樂部卻將羅斯福拒之門外。據說，這次落選給羅斯福造成了很大的打擊，使他一度產生了自卑心理，甚至成為他一生最痛苦的回憶之一。

（三）

一九〇〇年十二月，剛進大學幾個月的羅斯福遭遇了他人生中的第一次重大打擊。這期間，住在紐約的詹姆斯·羅斯福心臟病發作。富蘭克林·羅斯福接到催他迅速回家的電報後，非常焦急。儘管詹姆斯一直有心臟病，而且在這一年他的病情也不斷惡化，家人也早有心理準備，但他還是擔心著這一天的到來。

當富蘭克林·羅斯福趕到父親的床前是，詹姆斯已經奄奄一息了。第二天，詹姆斯·羅斯福與世長辭，給富蘭克林·羅斯福留下了大約十二萬美元的遺產。

詹姆斯去世後，莎拉讓妹妹蘿拉陪她在海德公園住了一個孤獨而難過的冬天，隨即便搬到了波士頓的一所住宅當中。這裡距離兒子羅斯福的住所只隔著幾條街，她希望能夠時刻看到兒子，以慰藉自己精神上的孤獨。

詹姆斯的去世讓莎拉沉浸在悲痛之中。她與詹姆斯伉儷情深，在此之前，她將自己的幸福一直建築在對兩個男子的熱愛之上。而現在，詹姆斯走了，她的愛就完全集中在兒子富蘭克林·羅斯福一個人身上了。

在莎拉的性格當中，權威的思想逐年增長。她似乎更傾向於將兒子置於自己的控制和監護之下。聰明的羅斯福為了不傷害母親的感情，開始學會了規避和迂迴。

第三章　就讀哈佛大學

他經常在母親的住處招待賓客，也會常常外出參加一些午餐會和郊遊等，甚至還擔負起海德公園和坎波貝洛的一些責任。

在暑期，羅斯福會盡量陪著母親，他們還像以往那樣到歐洲去旅行。但當莎拉一提起關鍵性的話題——羅斯福家的生活道路時，羅斯福就巧妙而機智的顧左右而言他。

羅斯福對待母親的提議並未以不加理睬、我行我素的態度來表達他的反抗。在隨和與溫順的背後，羅斯福似乎開始蘊藉著一股衝破和反抗陳舊框架的力量，這些素質最終在「新政」年代的實驗中體現出來。

在申請加入「伯爾柴蘭」俱樂部失敗後，羅斯福只好退而求其次，參加了名氣稍差一些的「旗艦」俱樂部，並擔任其所屬圖書館的首席管理員。

不久之後，羅斯福就採納了波士頓一位書商的建議，開始收藏一些書籍。開始時只收集一些關於美國的書籍，後來範圍縮小到只限於軍事內容的書籍、雜誌和圖片等。後來，他被選入哈佛大學聯合圖書館委員會。

羅斯福不是一個輕易在挫折面前就認輸的人，他急切地渴望能靠著自己的成功在哈佛大學出人頭地，並以此贏得同學們和社會名流的青睞。為此，他依然積極參加各種課外活動。

一九〇一年，羅斯福以自己出色的表現被選為哈佛大學《紅色校旗報》的編輯。

這時，他的堂叔狄奧多．羅斯福正作為共和黨人麥金利的搭檔而競選副總統。而哈佛大學校長查理斯．伊里亞德的政治態度為人們所矚目。富蘭克林．羅斯福自告奮勇的提出去採訪校長查理斯．伊里亞德，了解他的政治態度。而主編認為校長是不可能說的，但羅斯福堅持要去試試看。

當哈佛大學校長見到這位學生記者時，態度之嚴峻果然不出所料。他冷冷反問羅斯福道：

「我為什麼必須要告訴你我將投給誰？」

羅斯福回答說：

「因為如果您的投票代表您的信仰的話，您就應該樂意把您的影響放在天平之上。」

就這樣，在這位勇敢的年輕人的進攻之下，伊里亞德校長一改嚴厲的態度，高興的回答了這位學生記者的問題。

羅斯福採訪到的這一獨家新聞不僅令他在學校大出風頭，還成為全國各家報紙爭相刊登的頭條新聞。

（四）

在美國總統大選的前夜，羅斯福參加了由波士頓大學生們舉行的聲援共和黨的千人火炬遊行。選舉結果是共和黨人候選人麥金利獲勝。

一九〇一年九月六日，麥金利總統遇刺身亡，四十二歲的狄奧多·羅斯福繼任為美國第二十六任總統，同時也成為美國歷史上最年輕的總統。

狄奧多·羅斯福總統執政後，所採取的第一個措施就是實現了美國的諾言，從古巴撤軍；接著，又通過了聯邦墾荒法案，為西部公有沙漠地帶的灌溉計畫提供資金。

在對待國內托拉斯的態度上，狄奧多·羅斯福態度非常強硬，有力的打擊了這些控制國家工業命脈的壟斷組織；他主張「對最大的公司就像對國內最卑微的公民一樣，應該加以約束，以便使它們能夠順從人民的意願」，聯邦政府應該充當國內各種互相衝突的經濟力量，尤其是勞資關係的仲裁者，保證對雙方持「公正的態度」，而不是偏袒其中的任何一方。

狄奧多·羅斯福的政策使美國龐大的托拉斯運動受到了政府的約束，也令聯邦政府的宏觀經濟管理調控得更加有力。

在對外政策方面，狄奧多·羅斯福督促國會建立新的海軍，以加強自己的軍事實力，使得海軍防禦能力足以與世界各國的列強不相上下。

以堅定的軍事實力作為後盾，狄奧多·羅斯福滿懷信心的引導著美國「朝著更加積極參與世界政治的方向前進」。

年輕的富蘭克林·羅斯福積極熱忱的擁護堂叔狄奧多所貫徹的治國政策。同時，隨著羅斯福這個姓氏知名度的驟然提高，富蘭克林·羅斯福也屢屢巧妙的利用自己的特殊身分為自己爭取不少榮譽和好處。他還讓母親把海德公園家中放在祖傳《聖經》旁的那些布滿灰塵的家族記事本寄來。在對先祖們的活動及關係進行了一番考證和研究之後，富蘭克林·羅斯福寫道：

現如今，紐約的一些有名望的荷蘭家族除了他們的名字之外，什麼都沒有留下。他們的人數屈指可數，他們缺乏進取精神和真正的民主精神。而羅斯福家族朝氣蓬勃並富有生命力的一個原因，或許是主要原因，就在於他們具備了這種民主精神。他們從不認為自己生在優越的殷實之家就可以雙手插進口袋而坐享其成；恰恰相反，他們認為，出身於富裕高貴之家的人沒有任何理由不對社會履行天職。羅斯福家族的人之所以在各個方面都能被證明是優秀的公民，正是因為他們自幼就受到了這種思想的薰陶。

隨後，羅斯福在分析這些「優秀公民」是如何對美國社會作出重大貢獻時，強調了荷蘭人的頑強和執著——而這一切都沉澱、沿襲並展現在羅斯福家族的成員身上。

顯然，羅斯福在這裡所強調的「真正的民主精神」並不是通常政治學意義上的民主，而是指一種能夠積極主動的透過為社會公眾事業服務來獲取社會地位的素質。

狄奧多·羅斯福的執政在無形中促使富蘭克林·羅斯福將注意力和精力較多的投向課外政治活動中。通常來說，像羅斯福這個年齡的大學生，其政治思想還遠遠未成型，大多都處於一種不受駕馭、蔑視權威、視政治為遊戲的過渡時期。然而，富蘭克林·羅斯福卻相對的顯得沉穩和正統一些。他很有意識的將大學裡的政治活動視為一種向更廣闊領域大展宏圖的實習場所。

一九〇四年六月，富蘭克林·羅斯福從哈佛大學畢業，正式告別了哈佛大學。他的家世、教養、特殊身分以及所受到的教育程度都令他產生了一種優越意識。

畢業後，羅斯福躊躇滿志，意氣風發，認為自己「應該在美國社會中成為一名舉足輕重的人物」。母親莎拉對此也承認，「他的父親和我總是對富蘭克林寄予極大的期望。……我們認為他應當能取得優勝，一旦他確實成功時，我們很高興，但並不吃驚。總之，他有許多其他孩子所不具備的條件。」

第四章　與艾莉諾結婚

我認為克服恐懼最好的辦法理應是：面對內心所恐懼的事情，勇往直前的去做，直到成功為止。

——羅斯福

第四章　與艾莉諾結婚

（一）

羅斯福從哈佛大學畢業不久，就宣布與堂妹安娜·艾莉諾·羅斯福訂婚了。

艾莉諾是羅斯福家族的奧伊斯特灣的支系，是狄奧多·羅斯福的胞弟伊里亞德和安娜·R·霍爾的女兒。如果嚴格的按輩分論的話，富蘭克林·羅斯福是艾莉諾的遠房堂哥。

羅斯福與艾莉諾很小的時候就認識，當年在海德公園的兒童室裡，羅斯福經常與堂妹艾莉諾一起玩耍，感情也非常好。不過，與羅斯福相比，艾莉諾的童年可謂充滿了孤苦、歧視和酸楚。

艾莉諾的父親伊里亞德是個健美英俊的運動員，但同時又是個常常在外縱酒放縱、夜不歸宿的花花公子。他很疼愛女兒艾莉諾，可在女兒六歲的時候就離家出走了，據說後來因為嗜酒而喪命。

她的母親是個出了名的美人，但身體柔弱，性格乖戾，為人也十分刻薄，即使對自己的女兒也是如此。她總是固執的按照自己的意願管教女兒，艾莉諾很小的時候就被送到了冷清的修道院去上學。

家中有客人來的時候，小艾莉諾總是一個人躲在暗處，要等到母親叫她時才敢出來。母親總是指著小艾莉諾對客人說：這個孩子古怪得很，長得又老又醜，我們都稱呼她老奶奶。

小艾莉諾稍微犯一點錯，就會招致母親的過分懲罰，有時甚至是一頓毒打。母親的這些做法深深的傷害了艾莉諾幼小的心靈，她也因此變得自卑、膽小、懦弱而敏感。

這個時候，父親還在世，並偶爾回來探望她一下。每當父親回來時，小艾莉諾都會顯得非常的快樂和滿足。

在艾莉諾八歲的時候，她的母親患白喉病去世了，艾莉諾和弟弟霍爾·羅斯福被她的外婆接走撫養。在這期間，艾莉諾憂鬱而傷感的整日陷入病態的幻覺之中，有時一連幾個小時呆呆地坐在窗前，望著門前那條灰色的馬路，渴望父親能夠回到她的身邊。可是她的父親永遠都不會回來了。

外婆V·G·霍爾的家住在哈德遜河畔的里沃利，位於海德公園的上游。在這幢名叫「橡樹台地」的陰森森的大宅子裡，艾莉諾和她的弟弟霍爾處處受到霍爾家族陳規陋習的限制。

在霍爾家的孩子當中，艾莉諾的母親排行第一，下面還有幾位年輕快活卻刻薄風流的姨媽，以及一個嗜酒如命的舅舅。她其中的一位姨媽斷言艾莉諾將會是一個沒有任何希望嫁出去的老姑娘；另一位則常常當著外甥女的面為自己接連不斷的愛情挫折而歐斯底里，她的小舅舅瓦利·霍爾與她的父親一樣，每天喝得醉醺醺的，還要借著酒勁耍酒瘋。

而霍爾太太管教不了自己的這些孩子，於是作為一種補償，就以最古板的方式管教外孫女艾莉諾。這位老太太死守著各種陳規，嚴格得近乎苛刻。置身於這樣的家庭之中，艾莉諾每天都感到頭暈目眩，毫無自由可言，對未來充滿了恐懼。但多年後她說，這種惡劣的環境「像鋼鐵一樣鍛鍊了我」。

十五歲時，艾莉諾被送到了倫敦附近艾倫伍德鎮的一所由法國人索維爾斯托小姐創辦的女子學校。索維爾斯托小姐的熱情關懷和諄諄教誨漸漸改變了艾莉諾自卑的性格，啟發了她那被壓抑的潛在素質。

在艾倫伍德學校讀書的三年，使艾莉諾的人生觀和世界觀發生了很大的變化。三年後，這位美國姑娘雖然出落得不算漂亮，但卻端莊嫺靜，儼然一位有教養、有素質的愉快的歐洲姑娘。

一九〇二年春，羅斯福在回家的火車上邂逅了多年不見的艾莉諾。他發現，此時的艾莉諾已經長成了大姑娘，濃密的秀髮，一張透露出自信和沉著的臉龐，衣著得體而時髦，健談且見解不凡，在有些問題上甚至比羅斯福知道得還多。

羅斯福驚訝的發現，自己對這位靦腆、聰敏的堂妹產生了強烈的好感。這種情感既是對她那種自怨自艾的體恤，也是對她的聰明才智的愛慕。

（二）

從這次邂逅後，羅斯福便開始與艾莉諾交往。羅斯福發現，艾莉諾是一位非常好的姑娘，她待人接物都具有嚴格的標準，可又不偏執小氣；她在社會學方面有著驚人的新穎見解，並且以自己的親身經歷作為依據，因為此時她在紐約新拓居民區和兒童醫院工作，對貧苦大眾的疾苦了解得比羅斯福更加深刻全面。

艾莉諾的活動還不僅僅局限於慈善事業，她還殷切的希望可以投身到婦女所能從事的各種活動當中去。與羅斯福一樣，她也十分熱愛生活。所不同的是，羅斯福是笑容可掬的面對生活，而艾莉諾則是將滿腔的熱情蘊藏在心中。

這一對年輕人心心相印，可謂是情投意合。只要稍長時間不見面，羅斯福就發現自己對艾莉諾思念不已；當見面後，兩個人都會變得毫無牽掛，相處得其樂融融。艾莉諾以她獨有的氣質吸引了羅斯福，而同時也被羅斯福——這位少女心目中的白馬王子所吸引。兩人的關係發生了微妙的變化。

第四章　與艾莉諾結婚

一九〇三年十一月，羅斯福向艾莉諾求婚，艾莉諾沒有馬上答應。她用自己所抄錄過的勃朗甯夫人的一句詩完整表達了自己的心意：

「請不要說我太冷漠、太寡思。你那許許多多的深情厚誼，我卻沒有一絲回報。並不是我無情，而是我太寒酸。」

在經過一番仔細思考後，艾莉諾向羅斯福作出了答覆：

「除非你能發誓，終生不渝。否則，那就不是愛情。」

當羅斯福鄭重發誓後，艾莉諾才欣然答應了羅斯福的求婚。

可是，當羅斯福將自己與艾莉諾已經訂婚的事情告訴母親莎拉後，卻遭到了莎拉的反對。她已經習慣於兒子生活在自己的羽翼之下，自從丈夫詹姆斯去世後，她將自己所有的關愛都放在兒子身上，希望兒子能夠與自己在一起。可是現在，卻有人介入他們的生活，要搶走她兒子的愛；更何況，這個姑娘也並不出色。所以，莎拉不同意羅斯福的這門婚事。

母親莎拉的反應讓羅斯福感到不安，但他早已不是事事都聽母親話的男孩了。所以他給母親寫了一封情真意切的信：

我知道，這件事給您帶來很大的痛苦。您知道，我如果有其他辦法，我絕對不會這樣做的……現在我只能說這些——我了解您的心思，很長時間以來，我也了解我自己的心思。我知道我自己不可能有另外的想法。結果是：現在我是世界上最幸福的人，也是最幸運的人——至於您，親愛的媽媽，您知道不可能有任何東西能夠改變我們以往和將來的相互關係——現在，您有兩個孩子去愛，也有兩個孩子來愛您——您知道，艾莉諾將永遠都是您的女兒……

收到這封信後，莎拉意識到，自己已經不能從正面阻止兒子的婚事了。於是，她提出了一個更能站得住腳的理由：他們兩個還太年輕。這時羅斯福才二十三歲，還沒有從哈佛大學畢業；而艾莉諾只有二十一歲。他們應該先以事業為主，先立業後成家，不應該這麼早就結婚。

這一次，羅斯福和艾莉諾聽從了母親的勸告，沒有馬上舉行婚禮。但是，他們之間的感情並沒也因此而受到影響。

（三）

一九〇四年羅斯福從哈佛大學畢業後，十二月一日，正式對外宣布了他與艾莉諾訂婚的事。狄奧多·羅斯福疼愛艾莉諾就像疼愛自己的女兒一樣。當他聽說這一親上加親

第四章　與艾莉諾結婚

的消息後，高興地向他們表示祝賀，並答應他會親自出席他們的婚禮，並親手將新娘交給富蘭克林·羅斯福。

一九〇五年三月十七日，富蘭克林·德拉諾·羅斯福與艾莉諾·羅斯福舉行了婚禮，狄奧多·羅斯福如約出席。

總統親自來參加婚禮的消息吸引了公眾的目光，伴隨著「狄奧多·羅斯福萬歲」的歡呼聲，人們幾乎要衝破員警組成的警戒線。當而新人乘坐小汽車到達時，反而無人注目。

格羅頓公學校長皮博迪博士是羅斯福與艾莉諾婚禮的主婚人。新娘艾莉諾榮光煥發，被她慈祥的總統叔叔挽著，親手交給了羅斯福。

婚禮儀式結束後，總統馬上成為眾人關注的焦點，人們紛紛跟隨他走向宴會大廳，兩位新人一下子由主角成了配角。正如莎拉後來回憶時所說：

「孩子們忍受了一段彆扭的時間，賓客們跟在羅斯福先生（總統）後面，紛紛與他握手，幾乎沒有人理會這對孩子。」

不過，就連新郎羅斯福也被他的偶像——總統的風采深深吸引住了，隨著眾人一起與總統說笑。而艾莉諾則別有感慨，她深深體會到了「權勢」的力量。

對於自己的婚禮，後來艾莉諾有這樣的自白：

「我對為人妻為人母向來有著很高的標準，但對於妻母的涵義卻很模糊。許多年後，我才知道戀愛是怎麼一回事，才明白戀愛的真正意義。」

結婚後，羅斯福與妻子艾莉諾住在母親莎拉為他們租的位於紐約西四十街的一所公寓中。此時的羅斯福已經就讀於哥倫比亞大學法學院，在六月的暑假中，這對新婚夫婦乘坐「大洋號」前往歐洲進行了蜜月旅行。

從歐洲回來後，正常的家庭生活開始了。母親莎拉不願對這對年輕人放任不管，她為他們安排好了一切，實際上她處處都在主宰著這個家庭。艾莉諾後來說：

「我婚後的第一年，我完全靠別人照顧，我的婆婆把什麼事情都替我做好了。」

一九〇六年五月，羅斯福與艾莉諾的第一個女兒安娜出生了。孩子出生後，莎拉更是插手家中的一切，總是繞過艾莉諾去負責孩子的教養。儘管艾莉諾多次反抗，最終也是徒勞無功。

同時，隨著孩子的降臨，加上羅斯福的各種收藏愛好，以及經濟負擔越來越重的各種政治活動，羅斯福不可避免的要依賴母親的資助。這樣，莎拉便以自己的愛和錢袋長期控制著兒子的家庭。

第四章　與艾莉諾結婚

一直到一九二一年羅斯福患上脊髓灰質炎，右腿癱瘓之後，情形才有所改變，艾莉諾逐漸擺脫了莎拉的束縛。她不僅在生活上對羅斯福照顧得無微不至，而且還成為他政治上的得力助手，從而為丈夫營造了一個積極向上、令人振奮的生活環境。

第五章　政治上嶄露頭角

人生就像打橄欖球一樣，不能犯規，也不要閃避球，而應向底線衝過去。

——羅斯福

第五章　政治上嶄露頭角

（一）

婚後的羅斯福仍然就讀於哥倫比亞大學法律系，儘管學習法律是父親詹姆斯的心願，也是進入美國上流社會的橋梁，但羅斯福並沒有多大的興趣。

一九〇七年春，羅斯福通過了紐約州的律師資格考試，這對他來說無疑是個不錯的機會。他毅然離開了學校，雖然這會讓他不能獲得哥倫比亞大學的畢業證書，但他毫不在意。

離開哥倫比亞大學後，羅斯福馬上進入了著名的卡特－萊迪亞德－米爾本律師事務所。這家事務所的主顧大部分都是華爾街的有錢有權之人。儘管羅斯福只是在這裡擔任一名初級書記員，第一年還沒有薪水可領，但還是讓人趨之若鶩，因為進入這個事務所就意味著將來必定會名利雙收。

其實在羅斯福來事務所應聘之前，他的這個職位已經空了兩年了，沒有人能夠通過那裡苛刻的要求。但當事務所的老闆聽說這次是狄奥多總統的侄女婿有意進入法律界，立即便聘用了羅斯福。

作為一名初出茅廬的年輕人，羅斯福不可能有機會參與那些重大的法律事務。他最初的工作就是為事務所的合夥人研究案例，記錄案情，同時做一些雜務等。

除此之外，有時他還會被派出去處理一些較小的訴訟案，或到市法院去反駁一些對各公司提出的小額賠償要求等。這個工作也讓羅斯福有機會與許多平民交往，幫助他了解自己階層之外的那些人的思想和生活，從而更加深刻的認識自己的國家。

工作一年之後，羅斯福被調往事務所海軍部，這似乎與他的興趣更加接近一些了。在工作當中，他的辯才和平易近人的態度使他很快就贏得了雇主的好感。在事務所老闆萊迪亞德看來，羅斯福有著良好的家庭背景和隨和的脾氣，完全可以成為一名出色的律師事務所高級合夥人。然而，羅斯福卻不僅僅滿足於此，他已經暗暗為自己安排了與狄奧多·羅斯福一樣的人生軌跡：先成為州議員，然後當上助理海軍部長，在當上紐約州長。他聲稱：

「任何人處於這個位置上，只要走運，就會有機會當上總統。」

這就是富蘭克林·羅斯福的理想！

在幾年的律師生涯之中，羅斯福過著表面上養尊處優的平靜生活，但這也是他韜光養晦的一段時光。他加入了一些著名的俱樂部，成為當地業務救火會的會員，還擔任了聖詹姆斯主教派教會的教會委員和波基普西第一國民銀行的懂事。透過積極參加這些社會活動，他初步掌握了同各階段人士打交道的技巧。這也為他贏得了良好的口碑和一定

第五章　政治上嶄露頭角

的社會名望，為他日後步入政界打下了基礎。

在一九〇四年的時候，羅斯福曾第一次行使他的選舉權。在那年的總統競選中，他投了狄奧多·羅斯福一票。然而他日後參政卻是以民主黨人的身分出現的，這是因為民主黨最早向他提出了參加競選的建議。從那以後，羅斯福就作為一名民主黨人活躍在政治舞台上。

一九一〇年春，羅斯福的機會來了。這年，代表切斯特縣的州參議員職位空缺，州民主黨的領導人希望能夠把這個被共和黨人壟斷了三十多年之久的公職奪回來。他們看中了二十八歲的年輕人羅斯福。

這除了考慮他的家庭背景外，還因為他們被羅斯福在一次野餐會上發表演說的風度和技巧所打動。因此，民主黨領導人決定推舉羅斯福去參選。

經過慎重的權衡利弊後，羅斯福決心投身政治，去參加競選州參議員。

但是，羅斯福的母親莎拉和多數親友都反對他去作一次他們認為「毫無成功希望」的競選，只有他的妻子艾莉諾對他的決定毫不懷疑。她表示，只要是丈夫想要做的事，她都會支援。

羅斯福決定試一試，為此他還特意給住在奧伊斯特灣的堂叔狄奧多·羅斯福打了電話。此時狄奧多已經結束了他的總統任期，但他的態度對羅斯福的競選有著舉足輕重的作用。雖然狄奧多不贊成羅斯福以民主黨人的身分參加競選，但他還是認為羅斯福應該進入政界，並答應對他有關政治活動的演說保持緘默。

（二）

雖然羅斯福對自己競選獲勝並沒有把握，但他的秉性就是：一旦決定，就要力爭勝利。而且，從當時全國的政治形勢看，情形對民主黨也是非常有利的。長期執政的共和黨內部因思想分歧而出現了明顯的派系分裂。

一九〇八年，狄奧多·羅斯福任期屆滿時所選出的繼承人塔夫脫已經淪為一個保守主義者，聽任保守派將狄奧多·羅斯福任內留下的改革成果侵蝕得所剩無幾。為此，狄奧多·羅斯福與保守黨派之間發生了激烈的衝突，這極大的削弱了共和黨的實力。

同時，由於眾多的貪污案件被揭發和政治家的煽動，國內普遍出現了對時局和現狀的不滿情緒。因此，民主黨派開始積極以關稅改革、控制托拉斯、直接選舉等關鍵問題爭取人民的支持。

從這一切跡象上來看，民主黨是完全有可能在一九一〇年的選舉中獲勝的。羅斯福

第五章　政治上嶄露頭角

也看到了周圍的這些有利局勢，所以他以極大的熱情投入到競選當中。

同以往的競選者不一樣的是，羅斯福並沒有動用民主黨的黨內資金，而是完全自己支付了一切競選費用。在一個的競選時間內，他將自己呼籲的對象完全定位在鄉村農民的身上，而將城市中的競爭工作完全託付給黨方面的組織去進行。

在競選中，羅斯福模仿十年前騎著馬作競選演說的狄奧多·羅斯福，租用了一輛紅色的麥克斯維爾大轎車。從另一方面來看，這樣做也是出於騎馬和乘坐輕便的馬車無法走遍全區方圓二點五萬平方公里的地域考慮。

在一九一〇年時，汽車還屬於很新奇的東西，農民們甚至認為它是魔鬼的發明者，會傳染瘟疫給農民。但羅斯福沒有聽從朋友們的勸阻，他認為：

「汽車一開到鄉村，在很短的時間內就可以看到十倍的鄉村選民。此外，怕汽車的也不是選民，而是選民的馬匹。」

事實上，也正是這輛被羅斯福命名為「紅色危險物」的汽車使他贏得了更多人的關注。當農民們紛紛圍攏過來聽他解釋這個「怪物」是如何行走時，他們也聽到了這個年輕候選人的政治主張，以及他所作出的承諾。

羅斯福在自己的家鄉地區演說了兩週。他的紅色汽車上插著一面美國國旗，旋風式的從鄉村中席捲而過。每天，他都要進行十多次演講，與數百個農民握手，笑容可掬，還會適當地對他們加以奉承。

可以說，羅斯福已經初步掌握了美國政治家們的慣用伎倆。在演說中，羅斯福還大力攻擊城市中的兩黨黨魁，攻擊政府的高關稅政策，這甚得農民們的歡迎和支持。

另一方面，與前總統狄奧多·羅斯福的關係也成為他競選中的一筆很重要的資本，有的人甚至誤以為他是狄奧多·羅斯福的兒子。有個老農民甚至說：

「我不管他是不是民主黨人，我將為老羅斯福而選他。」

羅斯福在這次競選中的收穫，可以從他二十年後的演說詞中看出來：

「我只是告訴他們應該享有什麼，很少說他們的希望能夠實現多少。我只教給他們一些採取行動的實際方法。我不知道他們需要什麼，但在競選結束之前，我已經從他們的外表看出了他們的想法……他們需要保證和承諾……爭辯的中心應該是方法與手段。政治的測試，應該視它是增加個人的安全和權利還是減少個人的安全和權利而定。」

當時自由主義的潮流正處於高漲時期，羅斯福儘管初出茅廬，但卻是一名具有出色說服力的競選家。所有的努力在一九一〇年十一月初的一個陰冷的雨天得到了回報——在三萬多選票中，羅斯福以多於對手一千一百四十票的結果當選為紐約州參議員。

此外，還有二十六名民主黨人當選為州長，其中著名的有紐約州的約翰·亞當斯·迪克斯、紐澤西州的伍德羅·威爾森、麻薩諸塞州的尤金·N·福斯等人。儘管這些國會議員和州長大多數都是「新手」，他們的進步主義改革綱領跟布萊恩的思想也有些出入，但趕上好運氣的民主黨人似乎在一夜之間已經沒有理由不對自己的前途躊躇滿志了。

（三）

競選成功後，羅斯福於一九一一年元旦帶著妻兒從紐約搬進了紐約州首府奧爾巴尼國家街兩百四十八號的一所三層樓房中。

在回憶這段日子時，艾莉諾說：

「在奧爾巴尼，我開始了一生中的兩重生活。從此以後，無論我的丈夫是否在政府中工作，社交和公共生活都成為我們日常生活中的一部分，他為之投入了全部的精力。那時，他或許還未能像今日這樣，形成他自己的政治哲學，但他已經發現了政治活動的魅力。與此同時，了解大眾，了解他們的能力，在這一過程中張揚自己的個性，都已經成為他的興趣所在。」

在進入政界不久，羅斯福就抓住了一個絕好的時機領導了一場反對曾在競選中攻擊他的「獨裁專斷」——坦慕尼協會的激戰，使得民主黨的黨魁們對他刮目相看，再也不敢將他看作是一個乳臭未乾的花花公子了。

在一九一三年之前，美國的聯邦議員都不是由民眾直接選舉的，而是由州議會選出的，而州議會則處於多數黨黨魁的控制之下。

一九一一年初，民主黨黨魁墨菲親自選中威廉·希恩去參加聯邦參議員的競選。威廉·希恩的政治素養極壞，是個標準的雇傭政客，臭名昭著。但他用金錢收買了許多人，同時也十分渴望在參議院謀得一席之位，以便自己的一生事業能有一個體面的結局。

從表面上看，墨菲選中希恩，希恩的當選就是十拿九穩了，因為墨菲自己就控制著民主黨在議會中的大多數選票。然而，事情並不像墨菲預想得那麼順利，民主黨內的自由主義者也選中了一位被公認為獨立不倚、獻身於「誠實正直」的民主黨人愛德華·夏普德作為候選人。而羅斯福則是夏普德的一位支持者。

經過一番考慮和周密的分析後，羅斯福決定不投希恩的票。一方面因為他被墨菲這種將自己想法強加到民主黨人身上的做法感到不滿；另一方面，朋友們的反對意見、家族的傳統對他做出這個決定也有一定的影響。

因此，羅斯福號召發動了二十多人拒絕投希恩的票。而此時在民主黨內部，只要少

第五章　政治上嶄露頭角

於二十張選票，就可以讓希恩無法當選。

羅斯福進行阻礙希恩當選的活動共持續了十週。在這期間，他和其他反對者們遭到了來自黨內的種種打擊。黨魁們讓人給他們寫恐嚇信；讓報紙刊載具有煽動意味的聲明，稱這些反對者們接受了銀行界的祕密津貼；還在一些報紙上拿他們的隱私大做文章；等等。

但是，羅斯福和其餘二十多人始終沒有屈服。經過長時間的拉鋸戰，最終黨魁們被迫讓步，撤回了對希恩的支持，同意另一個折中的候選人——為人正直的最高法院法官詹姆斯·奧格爾曼為代表紐約州的聯邦參議員。

羅斯福所領導的這場鬥爭大大推進了直選聯邦參議員的活動。一九一一年四月，羅斯福推動州議會通過了一項督促州國會代表團投票贊成關於直接選舉聯邦參議員的憲法修正案的決議。到一九一三年五月三十一日，這條修正案正式生效。

透過這個過程，羅斯福與民主黨的其他改革者們贏得了新的威望；同時，還促成了一個間接但卻十分重大的後果：「新自由」預言家伍德羅·威爾森的崛起。

一九一一年秋，羅斯福去拜訪了威爾森。不過，他們的第一次見面並沒有羅斯福想像得那麼熱烈。一個所謂理想主義的學究政客，與一位政治思想還未曾完全定型的崇尚實際的政客之間，的確不能一下子找出許多共同點。

但很快，當兩個人的話題轉到他們共同的政治理想上時，威爾森起初那種冷冰冰的態度馬上就消失了。他變得慷慨激昂，熱情奔放，還向羅斯福介紹了自己的政治理念：在複雜的現代生活中，只有政治民主和宗教民主是不夠的，人民還必須獲得經濟自由；政治必須被更直接的置於人民的控制之下，……

羅斯福幾乎完全贊同威爾森的政治觀點。事後，羅斯福高興的說，他發現了一個「依靠理智而不是情感來使人折服的人」。

在此後的日子中，羅斯福便以他旺盛的精力和熱情投入到為威爾森助選的活動中。儘管狄奧多·羅斯福此時仍然是他所崇拜的政治偶像，但他還是成了威爾森的忠實信徒，義無反顧的支持威爾森的政治事業。

第五章　政治上嶄露頭角

第六章　海軍助理部長

幸福不在於擁有金錢，而在於獲得成就時的喜悅以及產生創造力的熱情。

——羅斯福

第六章　海軍助理部長

（一）

羅斯福在決議追隨威爾森後，便準備了一篇全面闡述自己政治、經濟觀點的聲明。這就是羅斯福於一九一二年三月十二日在紐約州特羅伊對人民論壇發表的演講。

這篇演講第一次隱隱約約的勾勒出「新政」的某些輪廓。羅斯福贊同讓政府在管理經濟方面發揮更大的作用，以便為廣大人民謀取更大的福利。同時，他還措辭謹慎的反對在私有財產的使用與公共福利發生矛盾時維護私有財產的神聖不可侵犯性。羅斯福深信，關於個人自由的傳統觀念已經不能應付當時美國的社會動盪了，因此主張採取對付這一挑戰的新理論。他說：

「事實證明，競爭在一定的限度內是能夠發揮作用的，但超過了這一限度就不能起作用了。而目前，我們必須爭取的合作卻能發揮出競爭所起不到的作用。」

然而，事情的進展並不令人滿意。在一九一二年春季的總統候選人預選中，威爾森只獲得了少數幾個州的支持，各地的政治機構都在反對他。在第一輪投票中，威爾森只獲得了三百二十四票，而他的對手克拉克則獲得了四百四十票。當然，這其中也有黨魁墨菲操縱的原因。

但是，羅斯福從不認為值得一戰的事業會遭到失敗，他力圖像上次那樣，打破墨菲對紐約州代表的操縱。他率領一個由一百五十名有名望的紐約州民主黨人組成的非正式代表團，在各州代表中間串聯，向他們揭露事實的真相。就這樣，羅斯福針鋒相對的向黨魁墨菲提出了挑戰。

一九一二年七月，羅斯福參加了在巴爾的摩召開的民主黨全國代表大會，第一次看到了形形色色面目奇怪的人物聚在一起，這些魚目混珠，有官僚政客、黨棍，也有小城市的雇員，還有地方小報的混事記者，以及掌管選民登記名稱的神祕人物等等。

可以說，代表大會既是力量的較量場，也是一場活報鬧劇的舞台。當天晚上，為克拉克雇來的三百多名啦啦隊員按照事先的安排衝入了會場，緊接著又衝入一百多名佩戴克拉克小圓徽章的人，他們都是克拉克雇來的打手。

在會議開始前，羅斯福早就考慮到會出現這種情況了。因此，他事先也招募了一支對抗力量，而且一個個都是彪形大漢，讓他們混進會場，隨時準備對付克拉克的那群打手。有了這一充分準備，羅斯福的「雇傭軍」最終壓住了與威爾森競爭的克拉克的打手。

為了能讓威爾森獲勝，羅斯福與他的夥伴們加緊向大會內外進行遊說演說。在他們的宣傳鼓動下，從各地飛來的黃色信封像雪花一樣，這是家鄉人民在督促自己的代表提名威爾森的電報。

第六章　海軍助理部長

最後的投票結果顯示：威爾森得了九百九十票，而克拉克只得了八十四票。

在總統候選人提名問題解決後，接下來就是競選議員和準備大選了。然而就在這個關鍵時刻，羅斯福卻被傷寒病擊倒了，無法親自參加競選。這令他一籌莫展，難道就這樣眼睜睜看著自己的「錦繡前程」慢慢消失嗎？如果他不能去參加競選，就無法再次當選議員，更談不上在政府中任職了，甚至還會嚴重影響威爾森的選票問題。

就在羅斯福心急火燎毫無辦法時，他忽然想到了一位名叫路易士·豪的新聞記者。

路易士·豪的祖輩是新英格蘭人，他的父親愛德華·波特·豪上尉曾靠搞地產投機發了財，但又在一八七三年的大恐慌中破了產。豪上尉曾想讓兒子上大學，可窘困的家庭根本負擔不起他上學的費用。迫於生計，路易士·豪成了一名記者。

有人曾將路易士·豪稱為「中世紀的守護神」。他身高不足五英尺，骨瘦如柴，滿臉皺紋，面容甚至可以用醜陋來形容。然而就是他，挽救了富蘭克林·羅斯福的政治生涯。

當時羅斯福在巴爾的摩獲得成功後，豪曾寫信向羅斯福表示祝賀，並在信的開頭稱他為「親愛的、尊敬的未來總統」，這一稱呼讓羅斯福對他的印象頗為深刻。

現在，首先要設法確保威爾森獲勝和令自己獲得競選參議員的提名並重新當選。而要做到這一點，現在他只能拜託善於宣傳並富有競選經驗的路易士·豪了。

豪立即以他特殊的才能和豐富的想像力，以及機敏的手段，將羅斯福的預選活動進行下去。他所採用的策略，仍然是當年羅斯福使用過的——宣揚農業進步主義思想、反對「頭頭專斷」的主張，以及對選民們的具體要求的關注。

最終，在路易士·豪的努力之下，羅斯福在未露面的情況下，再度以很大的優勢當選為紐約州參議員。

（二）

在羅斯福臥病在床期間，總統競選活動已經發展為共和黨的狄奧多·羅斯福與民主黨的威爾森之間的角逐。競選開始後，除了個人作風方面，狄奧多·羅斯福與威爾森的政策主張上並沒有太大的區別，都保證執行進步主義的政策，致力於「社會主義」。

在競選演講中，狄奧多·羅斯福引用了《聖經》中的內容，以不可思議的直覺、淺白平實的道理和壯懷激烈的聲音完美結合，激發起人們要求行動起來，重振社會美德的憤怒情緒；而安詳自信的威爾森則平和的條分縷析，將建立在審慎思辨的哲學基礎之上的「新自由」政綱向選民們娓娓道來。他說出了一些會在人們心中產生回蕩和共鳴的話，令人們想像到了一個美好和諧的前景。

第六章　海軍助理部長

一九一二年十一月五日，總統選舉結果出來了：民主黨的威爾森以六百二十九點七萬張的選票勝出；共和黨的狄奧多·羅斯福獲選票四百一十一點九萬張，塔夫脫獲三百四十八點七萬張。如果將狄奧多·羅斯福與塔夫脫的選票加起來，要比威爾森多一百三十萬張。由此可見，威爾森在此次競選中獲勝是沾了共和黨分裂的光了。

論功行賞，這是美國政黨政治的傳統。負責威爾森競選團隊中公共關係的約瑟夫斯·丹尼爾斯被任命為海軍部長。可丹尼爾斯完全是個門外漢，需要找一個內行擔任助理部長。

這時，威爾森想到了在競選時期表現不凡的富蘭克林·羅斯福。而且威爾森還了解到，羅斯福對航海和海軍十分有興趣，收集這方面的書籍達一萬冊之多，又是阿爾弗雷德·馬漢的大海軍主義的支持者。因此，羅斯福便被威爾斯任命為海軍助理部長。

一九一三年三月十七日，正好是羅斯福與艾莉諾結婚八年的週年紀念日，羅斯福進入美國海軍部，正式開始了他新的政治歷程。

與此同時，為羅斯福競選議員立了大功的新聞記者路易士·豪也成為羅斯福通往白宮不可或缺的忠實助手和顧問。

進入海軍軍部讓羅斯福的職業與愛好達到了近乎完美的統一，但更重要的是，羅斯福將這一步看成是他實現下一個政治目標的契機和台階。

當時的美國海軍是世界上的第二大海軍，海軍助理部長的工作主要是進行技術指導和業務建議。對於羅斯福這個年僅三十一歲的年輕人來說，這個擔子的確不輕。

為了熟悉工作，羅斯福「像一台渦輪機」一樣拚命苦做。他不是只從表面了解情況，而是盡可能的深入實地，與人交談，獲得更加直接、更加真實的資料，以至於當時有人形容他的形象是「脫掉上衣，解開襯衫，敞開硬領，領帶掛在一邊」。

羅斯福在擔任海軍助理部長七年半的經歷，為他後來在戰爭中擔任總統打下了最為堅實的基礎。當海軍部長丹尼爾斯不在時，羅斯福就代行部長職務，並參與內閣會議。

羅斯福主持海軍的日常事務，職責主要包括採購、文職人士、預算事務及船廠、船塢的管理和部隊的裝備等。這些工作也為他提供了寶貴的行政管理經驗。他學會了在危機時刻如何管理一個大的聯邦機構，總統在戰時會如何行動，如何與盟國之間制定共同的目標，以及一個主權國家如何適應全球性戰爭中的軍事需要，等等。

羅斯福雷厲風行的工作作風，就像是在死氣沉沉、昏睡不醒的海軍軍部官僚機構中投入的一枚重型炸彈。

第六章　海軍助理部長

(三)

羅斯福在自己的管轄領域內作了一次全面的視察，隨即挺身而出，直言不諱的對美國海軍的現狀提出了質疑：

「對美國海軍的估計遠超過它的實際……我們號稱已經建造成和正在建造的軍艦有三十六七艘，而放在第一線的卻只有十六艘……我們的海岸線長達兩千英里，其中只有兩百英里有海岸炮兵防守。如果我是個日本人，在打垮艦隊之後還不能在那一千八百英里的某一地段登陸，那麼我寧可剖腹自殺。」

當時，美國海軍和海軍陸戰隊的規模已經大得驚人了，但羅斯福仍然提出：

「強大的海軍將帶來尊重，而不是導致對抗。」

他還寫了一篇氣勢恢宏的文章，聲稱：

「我們的國防應該遍布整個西半球，防區應該擴大到一千海里以外的公海上……我們需要海軍，不僅是為了保衛自己的海岸線和屬地，同時也是為了在戰時保護我們的商船，不論它們到哪裡……」

一九一六年，丹尼爾斯忙於替威爾森張羅連任競選的事務，羅斯福代理海軍部長職務，更是廢寢忘食，忙得不可開交。同時，他也用自己堅定而真誠的信念和執著贏得了廣泛的支持。

就在羅斯福的工作順利開展之時，第一次世界大戰爆發了。頓時，歐洲各國勢力的均衡被打破，旁觀的美國人一時間不知所措。而羅斯福十分肯定的認為，美國勢必會介入歐洲大陸的這場戰爭。因此他提議威爾森建立國防委員會，實行普遍義務兵役制；著手建立強大的海軍。

但是，羅斯福的建議並沒有被採納，因為他所提倡的均與美國的中立政策相背離。不過羅斯福並沒有放棄他的主張，而是堅持己見，不遺餘力的加緊完成美國海軍參戰的準備工作。

一九一七年初，德國宣布了無限制潛艇戰，使得協約國和中立國的船隻都遭受到了巨大的損失。美國的十餘艘船隻在沒有任何反抗的情況下，就被德軍艦艇擊沉了。這樣一來，美國國內的反德呼聲日益升高，美國政府終於於一九一七年四月正式對德宣戰。同年十二月七日，又對奧匈帝國宣戰。

美軍的參戰，進一步打擊了德奧集團的勢力，使整個軍事形勢朝著有利於協約國的方向轉變。

同時，美國參戰也令羅斯福有了更大的用武之地。從對德正式宣戰之日起，羅斯福就迅速組織擴大了海軍訓練營，徵召了大量的海軍人員，真正做到了招兵買馬；他還忙於訂購新的船隻和採購各種軍用物資，以至於陸軍部購買不到戰備物資，都紛紛跑來求助於威爾森，而威爾森只好要求羅斯福將他的海軍物資分一部分給陸軍部。

（四）

要指揮一場現代化的戰爭絕不是一件容易的事。為了增加實戰經驗，羅斯福決心到前線進行一番視察。他說：

「在華盛頓的每個海軍部的頭頭，都應該親自去看一看戰爭的進程，不然的話，就好像一個在黑暗中下棋的棋手一樣。」

一九一八年六月九日，羅斯福乘坐一所新下水服役的驅逐艦「戴爾號」橫渡大西洋航程，先後訪問了英國、法國、義大利和比利時。

整個旅程都是比較安全的，但渴望戰鬥的羅斯福卻始終亢奮的參與戒備潛艇襲擊的行動，雖然最終發現警報都是不真實的。似乎只有一次情況有些危機，當「戴爾號」駛往亞速爾群島時，它被幾十海里開外的德國潛艇追蹤了一陣子，但最終還是消失了。

七月三十一日，他橫渡英吉利海峽到達敦克爾克。在那裡，羅斯福第一次看到了戰爭所帶來的破壞。這座小鎮在三年間幾乎每一夜都要遭到轟炸，連一所完整的房屋都沒有了。

在凡爾登要塞，羅斯福碰上了德軍炮火的襲擊。一九一六年時，這裡有近五十萬人在戰火中死亡。現在，在已經被夷為平地的富勒希村，羅斯福一行停下來準備拍攝一張照片，結果遭到了德軍炮火的猛烈襲擊。

戰爭給人民的生命和財產所造成的重大損失，給羅斯福留下了終生難忘的印象。最後，羅斯福又在比利時的協約國占領區匆匆轉了一遍，並會見了比利時國王亞伯特，親眼目睹了驅逐艦同一艘德國潛艇在沿海的一場戰鬥，並再次遭到敵軍炮火的襲擊。

儘管羅斯福精力充沛，但由於活動安排過緊，還是因勞累過度而病倒了，只要於九月八日乘船返國。

在身體恢復後，羅斯福馬上提交了一份考察報告，建議對海軍的國外活動進行大規模的改革。海軍部長丹尼爾斯稱讚羅斯福的這份報告「簡明扼要，發人深思」。

同時，羅斯福也不再滿足於辦公室的工作，而是請求威爾森總統接受自己的辭呈，允許自己到前線去。然而，要實現從軍立功的夢想這時已經為時太晚了。威爾森告訴羅斯福，戰爭即將結束。

一九一八年十一月十一日，德國以外交大臣為首的代表團走上聯軍總司令、法國元帥福煦乘坐的火車，簽訂了第一次世界大戰停戰的條約。第一次世界大戰至此宣告結束。

戰爭給美國帶來了巨大的利潤。在大戰結束時，美國的國外投資額高達七十億美元。藉助戰爭的機會，美國讓世界上二十多個國家欠了自己的債，包括英國，也欠美國四十四億美元的債款，從而令美國一舉由戰前的債務國變為債權國。

同時，在大戰期間，美國的商船噸位增加了十倍，不僅滿足了海上運輸的需要，還為海軍的發展提供了條件。

最重要的是，戰爭讓羅斯福這樣一位資產階級領導人得到了鍛鍊，為他日後入主白宮，尤其是為他在第二次世界大戰中充當三軍總司令，創造了有利的條件。

第六章　海軍助理部長

第七章　厄運降臨

生長與變化是一切生命的法則。昨日的答案不適用於今日的問題——正如今天的方法不能解決明天的需求。

——羅斯福

第七章　厄運降臨

（一）

一九一九年一月十八日，巴黎和會在法國巴黎的凡爾賽宮召開。這時，羅斯福正在歐洲各地處理美國海軍復原工作。在清理美國軍事物質時，羅斯福與法國人進行了激烈的討價還價。

在此時，他還得到了一個令他悲痛的消息——堂叔狄奧多·羅斯福因動脈栓塞發作於一月六日去世了。從此，羅斯福失去了他的一股精神力量，而艾莉諾則認為美國失去了一個重要的象徵。

巴黎和會結束後，二月中旬，總統威爾森乘坐「喬治·華盛頓號」返回美國，羅斯福也在同行之列。威爾森從巴黎和會上帶回了由他負責起草並被寫進《凡爾賽條約》的《國際聯盟盟約》草案。該草案的主要內容是建立國際盟約，以維護世界和平等。可以說，《國際聯盟盟約》飽含了威爾森的心血和理想，因此他也強烈的希望這一提案能夠在國會上獲得通過。

羅斯福非常贊同威爾森的這一目標，但他預言：國內圍繞著是否批准盟約的問題將會有一場戰爭。威爾森認為，美國參加國聯是人心所向，更是大勢所趨；而羅斯福則冷靜的指出，這或許還需要很長的時間。

威爾森回到美國後，便開始與反對者們展開了激烈的討論，甚至是對抗。但最終還是以失敗告終了，參議員徹底否決了美國參加國際聯盟的草案。

但威爾森對國內的反對勢力不願意作出任何妥協。到九月，參議員還是拒絕批准凝聚了威爾森無限心血的《凡爾賽條約》。失去耐心的威爾森決定求助於廣大人民。

於是，年逾六十歲的威爾森不顧勞累與病痛，進行了美國有史以來最為艱難而無益的巡迴演說。在作了四十多次演說後，九月二十五日，威爾森在科羅拉多的火車上得了中風。

十一月，《凡爾賽條約》在美國參議員內部未能獲得通過，這是威爾森政治生涯中悲劇性的失敗。隨之，威爾森的時代也走向了終結。

威爾森的失敗給羅斯福日後的成功提供了極其寶貴的經驗。他自始至終都在認真觀察著這場盟約之爭。他贊同威爾森的主張，但他那敏銳的政治嗅覺讓他意識到，在人民中間正在出現戰後通常都會發生的那種政治情緒逆轉驅使，理想主義的大幕已經漸漸收起。而威爾森總是談論追求「理想」、「命運」、「美國的責任」、「夢想」，這些事物雖然美好，但卻有些遙不可及。相反，羅斯福更加追求實際，也更強調實踐。所以，他對國聯的認識要遠比威爾森更切合實際。

第七章　厄運降臨

透過親眼目睹威爾森的失敗，羅斯福也意識到了成功的關鍵在於：

首先，要將內外政治置於現實的基礎上，絕不能拿夢想當現實。威爾森失敗的原因，就在於他缺乏政治靈活性，甘願付出高昂的代價而拒絕妥協後退。

其次，必須要重視輿論的作用，準確的把握美國國內的人心所向。

第三，要善於傾聽意見。威爾森的剛愎自用也促使羅斯福開創了美國總統的一個新風格——組織智囊團，吸收大批專家為自己出謀劃策。

此外，還要重視與國會在野黨的關係，充分爭取各方的支持。在日後選擇出席聯合國大會的美國代表團成員時，羅斯福就很好的實踐了這一點。

（二）

一九二〇年又是一個總統候選年，威爾森已經沒有力量繼續領導民主黨的競選了。因此，這一年也成了共和黨的幸福年。共和黨趾高氣揚的宣稱：

「威爾森先生與他的王朝、他的繼承人和受惠人，或他的任何人，任何對他奴顏婢膝的人，都必須下台，消除他們對美國政府的一切影響。」

這一年，共和黨人推出的總統候選人是華倫·哈定，而民主黨則推出了詹姆斯·考克斯。但無論從哪個方面來說，華倫·哈定都只是一個二流的政客。

此時的羅斯福已經在民主黨的進步人士中贏得了至高的威信，成為民主黨派內自由派的首領。出於多方面的考慮，考克斯選中了羅斯福作為副總統候選人。

八月九日，羅斯福發表了接受提名的演說，標誌著競選的正式開始。在演說中，羅斯福將外交政策放在了首要的位置，他強調：

「對我們目前面臨的世界性問題，我們要麼閉起雙眼……成為一個與世隔絕的民族，沉湎於對過去的回想之中；要麼睜開雙眼，認識到現代文明已經變得錯綜複雜……以至於我們再也不能既生活在這個世界之中，卻又超脫於這個世界之外。」

在談到國內政策時，羅斯福強調，要進行大型的改革，解決政府工作效率不高的問題。同時，他還督促美國人民要「向前看，不要向後看」。他說：

「我們反對在國家生活中麻木不仁，得過且過。」

十一月初，羅斯福開始了旋風式的競選演說。他說：

「我心目中的信念讓我堅信，美國將選擇進步的大道，將絕望的論調、卑怯的囁嚅、倒退的小路統統拋到一邊。」

在八十多天中，羅斯福兩次橫穿全國，走遍了三十二個州，發表了近一千次的競選

第七章　厄運降臨

演說。其實羅斯福很清楚，考克斯是很難在這次競選中獲勝的，與此同時，他也不會成為副總統，但他仍然不遺餘力的去競選。在這個過程中，他比以往任何時候都更加密切地關注和接觸美國民眾，加深對他們的了解。

在十一月六日的大選中，共和黨人哈定獲得壓倒性勝利，而他們的多數黨地位也得以恢復，並將這種局面保持了十年之久。

競選雖然失敗了，但羅斯福透過競選在全國性的政治舞台上首次亮相，獲得了豐富的競選經驗，並建立起了一個忠心耿耿的工作團隊，在全國也出現了一批追隨者。

競選失敗後，三十八歲的羅斯福十年來第一次成為普通公民。很快，他就投入到新的工作當中。這時，正好巴爾的摩金融家和報紙發行人范·李爾·布萊克的信託儲蓄公司需要一位有聲望的人擔任紐約分公司的主任，他選中羅斯福。羅斯福當時名聲大、交際廣，以下台官僚的身分擔任辭職，必定能夠有所作為。

不久，羅斯福就到信託公司上班了，並且業務開展得也很順利。經過活動，一大批工商資本家都被他網路在該公司名下。

然而，就在羅斯福以巨大的熱情投入到這家公司的證券和海外投資活動時，一場意外的災難降臨到了他的頭上……

（三）

在一九二一年八月，羅斯福全家到坎波貝洛度假。同行的還有路易士·豪，他是來與羅斯福商討一九二二年的選舉前景的。

八月十日這天早晨，坎波貝洛旁邊的一個小島上發生了火災，羅斯福和孩子們一起跑過去把林火撲滅了。回來後，羅斯福感到又累又熱，便直接跳下水，想游一下泳，解解暑。然而芬迪灣的水冰冷刺骨，寒氣彷彿一下子鑽入了他的肺腑。

羅斯福冷得趕緊上岸，然後喊著孩子們一起回家。這時，他就覺得兩腿肌肉酸疼，渾身也冷得發抖，很不舒服。但羅斯福並沒在意，以為只是感冒了。

誰知道第二天，羅斯福就開始發起了高燒，甚至暫時失去了對身體機能的控制。艾莉諾急忙從盧貝克請來了鄉村醫生貝內特。他斷定羅斯福是患了重感冒。

可羅斯福的病情卻急劇惡化，左腿也變得軟弱無力。後來，另一條腿也失去了知覺，劇烈的疼痛和麻木還擴展到了他的背部、肩部、手臂，連貝內特醫生對此都有些摸不著頭腦了。

到八月十二日，羅斯福的雙腿都已經不能動了，胸部以下全部麻木。路易士·豪趕緊從緬因州度假地請來了費城著名的診斷專家威廉·W·基恩。

第七章　厄運降臨

開始，基恩醫生認為羅斯福患的是一種瘋癱病。但後來經過仔細診斷，他確定羅斯福所患的是脊髓灰質炎，也就是小兒麻痺症，並且還不能肯定他能否恢復健康。

脊髓灰質炎是一種多發生於夏秋季節的由脊髓灰質炎病毒引起的急性腸道傳染病。患者在多汗發熱、周身疼痛數日後常常會出現手足軟弱無力，不能動彈，這是因為病毒侵入了相應的部位後破壞了神經組織。嚴重的患者，病毒還可能侵入其腦神經，出現面癱、吞咽和呼吸困難等症狀，甚至危及生命。

這種病絕大多數發生在兒童身上，僅有極少數成年人因未獲得此病毒的免疫力而導致病發。不幸的是，羅斯福恰恰屬於這極少數成年人中的一個。

對於一個正值盛年的雄心勃勃的政客來說，這幾乎是個致命的打擊。這將意味著羅斯福不能在到處與選民進行接觸，還要被當成殘疾人看待，甚至一生都需要他人照顧，失去獨立生活的能力。這一切，對於一個剛剛三十九歲的人來說簡直是倒楣透頂！

羅斯福患病後，艾莉諾日夜守護著他，給予羅斯福「最堅定的、最微妙的和最溫柔的照顧」。

路易士·豪依舊外表輕鬆的代表羅斯福同各界保持著社會的和政治性的聯繫。他對外宣傳羅斯福患了重感冒，可能會轉為肺炎，隻字未提脊髓灰質炎。

到了九月初，在醫生的認真診治和艾莉諾的精神照料下，最嚴重的階段過去了，羅斯福的病情有了明顯的好轉。十四日，在路易士·豪的週末安排之下，羅斯福乘坐火車回到了紐約。記者和看熱鬧的人們都親眼看到羅斯福斜躺在臨窗的臥鋪上，面帶微笑的叼著一根帶有煙嘴的香煙。

隨後，在路易士·豪的安排之下，羅斯福被轉到了紐約市長老會醫院，由喬治·德雷帕大夫負責為他治療。這時，豪才向報界承認羅斯福患上了脊髓灰質炎，兩腿不能行走。但同時他又提供了德雷帕大夫的樂觀的病情報告。大夫宣布：

「他不會成為殘疾，誰也不必為羅斯福這次得病會留下永久性的傷殘而擔心。」

事實上，德雷帕大夫自己都很擔心，羅斯福可能永遠都坐不起來了，更不要說自己能站立或行走了。但是，他知道病人的精神狀態對病情的恢復至關重要，因此他並沒有把自己的疑慮說出來。

在治療過程中，羅斯福一直非常積極的與大夫配合。他堅毅頑強，充滿樂觀，每天都在大夫的知道下進行艱苦的訓練。在這個曾被看成花花公子的人身上，似乎蘊藏著極大的勇氣和毅力。

為了能讓兩條腿站直，德雷帕大夫不得不給他的腿打上石膏。這樣，羅斯福每天都好像在中世紀的酷刑架上一樣，要將兩條腿關節處的楔子打進去一點，以便可以讓肌腱放鬆一些。

沒多久，羅斯福的手臂和背部肌肉就強壯起來了，他最終也能夠坐起來了。十二月初，他對朋友說：

「再過幾個星期，我就能用拐杖走路了。大夫說明年春天我就可以完全不瘸不拐的走了。」

(四)

一連幾個月的艱苦鍛鍊，到一九二二年二月，羅斯福已經開始練習走路了。他戴上了用皮革和鋼製成的架子，而且終生再也沒有脫下。這幅架子重達十四磅，從臀部一直到腳踝，在膝蓋部被固定住，這讓他的雙腿如棍子一般僵直，行走也異常艱難。

每天，羅斯福都要接受治療，進行各種各樣的鍛鍊。為改善身體狀況，他以堅強的毅力和勇氣毫不屈服的與病魔搏鬥。

羅斯福還讓人在草坪上架起了兩條一高一低的橫槓，每天他都要接連幾個小時在兩條槓子中間來回挪動身體；他每天堅持走一定的路程，哪怕屢次摔倒也不退縮；他還讓人在他的床上方安了兩個吊環，以便能靠吊環讓自己起身，在床上活動。

為了防止在遭遇火災時爬不出去，羅斯福還學著靠手臂的力量爬行很長一段時間。對此，他絲毫不覺得難為情，還高興的爬給別人看，令身邊的人感動不已。他還在游泳上花了很多時間進行鍛鍊，而且一再說：

「水使我得病，水也會把我治好的。」

由於身體原因，羅斯福辭去了一部分職務。路易士．豪認為，最困難而又最重要的事，就是要讓羅斯福在政治上保持著與外界的聯繫。為此，豪不辭勞苦，寫了成千上萬封信，接見了數以百計的人，說服他們支援和幫助羅斯福。

同時，他還不斷為羅斯福打氣，督促他自己對外寫信，會見客人，做出各種政治姿態。豪對艾莉諾說：

「人們是很健忘的，我們得讓羅斯福的名字繼續響徹下去。」

豪還建議艾莉諾加入民主黨州委員會的婦女工作部。在那裡，艾莉諾結識了許多新朋友和重要人物，最後還當上了財務委員會的主席。她經常出入於婦女選民協會和婦女工作協會，成為她們之中的知名人士。

為了便於對外聯繫和開展各種社交活動，艾莉諾還在幾乎沒有人說明的情況下學會了開汽車和游泳。她要加強鍛鍊，既要照顧好羅斯福，又要適應政治生活上的各種需要。

第七章　厄運降臨

就在羅斯福為恢復兩條腿的功能而努力鍛鍊，準備重新進入政界時，他的妻子艾莉諾和母親莎拉之間為他的前途產生了矛盾。

在羅斯福患病後，母親莎拉一直希望羅斯福能夠退出政界，跟隨她回到海德公園，在那裡過著鄉村紳士的平靜生活，守住家族的產業，做自己喜歡的任何事。她還決心打破路易士·豪和艾莉諾之間的同盟，將她的兒子拉回到自己身邊。她非常討厭路易士·豪，稱他為「醜陋骯髒的小人」，並指責他們這樣做是在給羅斯福增加不必要的負擔，是對一個殘疾人的折磨。

而艾莉諾與路易士·豪的看法同莎拉正好相反，他們希望羅斯福能夠像過去一樣，積極的從事政治活動。如果將他當成一個殘疾人來對待，會讓羅斯福一蹶不振。為此，他們經常請一些政界的朋友到家裡來，想讓羅斯福隨時都意識到自己在政界中的作用和價值，促進他盡快康復。這樣，當羅斯福有一天意識到自己一輩子就只能坐在輪椅上生活時，政治就成了他唯一的出路。在政治上，需要的是頭腦，而不僅是身體。

經過艱苦的鍛鍊，羅斯福的體力增強了許多。一九二三年秋，羅斯福重新回到信託儲蓄公司工作。

開始時，羅斯福每週只工作兩天，慢慢增加到三天，最後是四天。在上班期間，他的日程排得很滿，每天早晨八點半會見路易士·豪和其他來訪者，這樣就開始了一天的工作。兩個小時後，他來到辦公室，一直做到下午五點鐘。回家後，喝點茶，活動一下身體，還要繼續會見來訪者。

在羅斯福患病期間，路易士·豪成了他的雙腿。他代表羅斯福參加政治和慈善機構的會議，替羅斯福在拍賣場上購買書報、郵票，為羅斯福家裡的事情四處奔走，成為羅斯福忠誠的幫手和可以信賴的朋友。

從一九二四年到一九二六年的三年間，羅斯福每年都乘坐遊艇到佛羅里達海岸邊巡邏。大多數情況下，陪同他一起去的都是他的生活祕書瑪格麗特·利漢德小姐。

一九二四年，羅斯福抱著一種試試看的心態前往喬治亞州西南部的一個溫泉中進行治療。那裡當時只有一座破舊的古老旅館，幾間刷著白漆的小屋，還有一個室內游泳池。由於年久失修，這裡已經很久都沒有人光顧了。

當羅斯福泡到溫泉中時，他的雙腿立刻感到一種「天堂般的溫暖」。溫泉中的水溫達到華氏八十六度，並且含有豐富的礦物質，因而浮力很大。羅斯福舒適的在其中活動

第七章　厄運降臨

肢體。患病三年以來，他第一次感到自己的腿和腳又有了力氣。

羅斯福在溫泉待了六個星期，這也是他一生中最悠閒、最清淨的一段日子。離開那裡時，羅斯福在水中行走已經不需要再用支架支撐了，就像沒有生病一樣。這讓羅斯福非常高興，他覺得自己六個星期以來所獲得的力量，比過去的三年加起來都要多。

一九二六年四月，羅斯福花十九點五萬美金買下了溫泉。這對他來說是個不小的負擔，幾乎花去了他大部分的財產。隨後，羅斯福在這裡成立了非營利性的喬治亞溫泉基金會，致力於小兒麻痺症患者的康復。

此後，溫泉的聲譽與日俱增，既吸引了一批批患者前來，又吸引了一些有名望的人來這裡投資。這在一定程度上緩解了羅斯福的經濟壓力。幾年後，溫泉成為研究和治療小兒麻痺症的國際中心。

第八章　臨危受命任州長

以嘲弄的眼光看待人生，是最頹廢的。

——羅斯福

第八章　臨危受命任州長

（一）

在羅斯福剛剛生病的一段時間，艾莉諾簡直慌亂無措。她回憶道：

「當時有許多事情要做，要管家務，要照顧孩子……我簡直沒有時間考慮自己的反應，只能一天天的把日子過下去，盡量將事情做好。」

但很快她就克服了困難，勇敢的面對這一切。在路易士．豪的幫助下，她開始學習演講，與人溝通，單槍匹馬的到各地參加各種會議、各種活動。其目的只有一個：不能讓社會忘記她丈夫的名字。

到一九二四年，艾莉諾的努力終於有了結果：在剛剛獲得選舉權而又占選舉人數目一半的婦女選民中，羅斯福已經是一個知名人物了。當然，艾莉諾所取得的這些成就，離不開路易士．豪的大力幫助。

如今，富蘭克林．羅斯福的名字再次響了起來。在他的府第，每天都有進進出出的人群。最先去羅斯福家中「登門求救」的人們中，有一批是紐約州北部的自由派民主黨人。當時，民主黨的形勢發展岌岌可危，共和黨哈定的當選令他們元氣大傷。威爾森點燃的烈火已被燒得慘淡無光。

而隨著宗教和種族偏見的惡性發作和黨內的四分五裂，理應被廢棄的三K黨突然死灰復燃，殺氣騰騰的充當了一股一意孤行的逆流的急先鋒。他們反對猶太人，反對黑人，反對天主教徒，除了神話般的所謂百分之百的美國人外，他們無所不反。

面對這些，民主黨束手無策，他們此時簡直已經成了一批只想當官，卻從不認真考慮一下究竟為什麼要選他們上台的烏合之眾了。

一九二四年，又到了總統選舉年，民主黨人希望羅斯福能出來參加競選，重振士氣。但羅斯福說：

「在甩掉丁字形拐杖走路之前，我不想參加競選。」

不過不久後，羅斯福便改變主意，決定出席六月二十四日在紐約召開的民主黨全國代表大會。這樣做一方面為支持艾爾·史密斯作為總統候選人的提名；更重要的是，他要發出他本人重新返回政界的資訊。

艾爾·史密斯是一個愛爾蘭人與義大利移民的兒子，自幼在紐約市曼哈頓南區長大，是羅馬天主教徒，主張廢止禁酒的一切法案。早期在奧爾巴尼州議會，他將實體主義改革與為黨的指導機關服務結合起來，贏得了普遍的尊重。

一九一八年初，艾爾·史密斯競選州長成功，這更加證實了支持他的城市移民的力量日益強大，也表明了他在範圍甚至更廣的公眾中具有一定的威望。現在，他已經成為民主黨競選一九二四年總統的候選人。但羅斯福擔心的是，史密斯的宗教信仰和反禁酒主張將成為他競選過程中的兩大不利因素。因此，他建議史密斯在大選年中以一種比較委婉和變通的方式對待這兩個問題，但坦率誠實的史密斯卻不願意這樣做。

為此，羅斯福決定「出山」，為民主黨競選爭取選票支持。他與史密斯結成了互利聯盟。史密斯要想獲勝，就需要利用羅斯福在民主黨內所擁有的廣泛支持；而羅斯福要想重返國際性政治舞台，就必須及時抓住史密斯競選負責人的這一機會。

出於這方面的考慮，羅斯福開始全力以赴的投入到競選工作當中。透過龐大複雜的情報系統，他取得了各州代表團中的個人和政治方面的詳細情報，第一次看到了全國代表大會後面所隱藏的種種複雜內幕。

除此之外，羅斯福還想透過這次總統競選表明自己的政治立場，為自己贏得更加廣泛的支持。

（二）

一九二四年，六月二十四日，民主黨全國代表大會在紐約麥迪森廣場花園召開。富蘭克林·羅斯福在大兒子詹姆斯的攙扶下，撐著丁字形拐杖，緩慢而艱難的順著後面的斜坡走向演講台。在讓人先看了看演講台是否結實並得到確認後，羅斯福放開兒子的手，雙手拄著拐杖，一步步艱難的走向演講台。

此刻，周圍的空氣彷彿凝固了。所有的人都屏住呼吸，擔心羅斯福可能會摔倒。當羅斯福終於走到演講台時，他放開了拐杖，雙手撐住檯面，對台下的觀眾露出了勝利的微笑。頓時，人群中爆發出如雷般的掌聲和歡呼聲，一直持續了好幾分鐘。無論從哪個方面來說，此次演講對羅斯福本人都是一場勝仗。

這是羅斯福自從淡出政界之後所發表的第一次重要演講。在演說中，他還引用了美國平民總統亞伯拉罕．林肯的話：

「我真誠的請求大家克服分歧，加強團結，我們要牢記亞伯拉罕．林肯的話——『對任何人都不懷有惡意，對所有人都充滿善意』。」

以這一名言為前提，羅斯福響亮而有力的聲音傳遍了大廳的每一個角落，開始了他以純粹的真誠渲染著艾爾．史密斯的優良特質——「他是馳騁於政治疆場上的『快樂勇士』，他受到大眾的愛戴、信任和尊敬，大家也承認他能夠在今年為我們贏得巨大勝利。這是個應運而生的人，我們州將驕傲的將他獻給我們的國家，為我們自己的艾爾．史密斯……」

第八章　臨危受命任州長

羅斯福的話還沒有完全說完，後面的部分已經淹沒在經久不息的雷鳴般的歡呼聲音了。復出後的羅斯福表現得無懈可擊，其精彩動人的演說本身就獲得了空前的成功，並因其恰如其分的引用英國詩人華茲渥斯的名句為被傳頌為「快樂勇士演說」。

然而，民主黨集體在日益激烈的分裂使得代表們在確定候選人的爭鬥中都筋疲力盡。最終，民主黨同意了一個折中的候選人——華爾街的著名律師約翰·W·大衛。而且，黨內分裂也極大的破壞了民主黨自身在選民中的印象。在隨後的總統競選中，大衛的票數之低超過了民主黨有史以來的記錄。而共和黨人柯立芝則以絕對的優勢當選為美國總統。

雖然此次總統競選民主黨人沒有獲勝，但民主黨代表大會對羅斯福個人來說卻是一次勝利，他贏得了黨內對立兩排的共同讚揚。他那愉快的神態、紳士一般的風度讓人們忘記了他身體上的殘疾，在不知不覺中就被他所吸引了。無論在各州的黨魁中，還是在普通黨員中，他都贏得了極好的口碑。

與此同時，一九二四年的民主黨全國大會也使羅斯福更加清楚的意識到黨內分裂對全黨力量的巨大破壞作用。他開始呼籲全黨團結起來，建立一個全國組織，消滅黨內的派系主義和地方主義。

羅斯福之所以提出這樣的觀點，是基於他對一九二〇年代美國社會狀況進行的不斷探索。他發現，一戰後特殊經濟條件下的國內繁榮還會在一定程度上繼續下去。在這種情況下，執政的共和黨仍然會保持一定的威信，民主黨想在奪回領導權是很難的。因此，此時民主黨的唯一出路就是首先搞好自身建設，在此基礎上伺機而動。

為了實現全黨團結的目標，並對陳舊而不合時宜的民主黨領導機構進行改革，羅斯福開始了他的努力。在路易士·豪的協助下，羅斯福向參加過一九二四年代表大會的代表們發出了三千封公開信，以謀求「東、南、西、北各地的民主黨人士都能接受的共同點」。

在信中，他請他們提出如何對當進行改進的建議，並附有詳細的啟發式提議：全國黨應在兩次選舉之間的時間裡發揮指導機關的作用，同州的黨組織密切協作；黨必須建立一個健全的財政基礎；應改進黨的宣傳工作；黨的領袖應經常會面，商討如何採取聯合行動；等等。

但是，各地黨員對羅斯福的公開信的答覆卻反映出了普通的不滿和悲觀，多數回信都承認了黨內存在著社會與地區的對抗狀況，但同時也表示願意支持羅斯福關於黨內改革的提議。

（三）

從一九二六年到一九二七年，民主黨內的辦事機構幾乎不復存在，連傢俱和檔案等都放進了儲藏室。但民主黨在選舉州長、議員、市長及其他職位時，其結果比在選舉總統時要好得多。

這期間，羅斯福仍然積極的從事各種政治活動，又寫了幾千封信向這些新當選的民主黨人表示祝賀，向落選者表示同情。一有機會，他就會與新朋老友會晤，積極關注國內外重大時事及敏感的爭端問題，並不失時機地發表一些態度溫和而得體的評論。

在這期間，羅斯福還謝絕了紐約州民主黨組織要求他競選聯邦參議員的方案，主要是為避免捲入國會山的黨派爭端。

轉眼又到了一九二八年的總統競選年。這次，在上次選舉中落選的現任紐約州長艾爾·史密斯得到了民主黨總統候選人提名的可能性非常大，因為黨內的反對勢力已經大大削弱，造成他在黨內受排擠的各種因素也都在淡化。

另一方面，民主黨領導人透過一九二四年的那次慘敗也認識到，黨內的紛爭的結果只有兩敗俱傷，徒令共和黨人坐收漁翁之利。而且，此時的民主黨內也很難再推選出一位與史密斯相媲美的得力候選人，艾爾·史密斯成了民主黨唯一的希望。

與此同時，共和黨推出了商務部長赫伯特·胡佛為共和黨此次的總統候選人。作為柯立芝繁榮時代的主要人物，他對選民有著更大的吸引力。

這一年，羅斯福仍然被選中提名史密斯作為總統候選人，並作了提名史密斯的演說。但與上次不同的是，這次他的對策也發生了變化。一九二四年的露面已經令他的復出震撼人心，所以此次他的演說比較低調，以免因為分寸把握不當而令聽眾有今不如昔的感覺。

隨著競選運動的開始，民主黨的前景也日漸黯淡。處於柯立芝繁榮中的選民們更為信服共和黨所宣揚的「繁榮方針」，對民主黨那種沒有根據的空口許願沒什麼興趣。史密斯也認識到了這一點，同時還認識到共和黨在全國勢力的擴張。為了確保能得到更多的選票，他力勸在民主黨內深孚眾望的羅斯福出面競選紐約州州長。

但出於慎重考慮，羅斯福不願意接受這次州長競選。一方面，他認識到民主黨的敗落不可逆轉，他不願陪著史密斯去失敗。何況他已經上升為一名舉足輕重的沒有陷入派系鬥爭的全國性人物了，紐約州州長畢竟只是一位地方人士。一旦他當選州長，他就會降為地方人士，難以繼續保持振臂一呼而從者雲集的舉足輕重的地位。

路易士·豪也贊同羅斯福的想法，他希望羅斯福能夠靜候機會，待水到渠成之時再順利的入主白宮。

但是，史密斯和紐約州民主黨首領卻不這麼看，他們極需一位強有力的人物來填補史密斯離任後的空白，以免紐約州落入共和黨之手。為此，他極力勸說羅斯福，甚至鼓動黨內其他人士來勸駕。羅斯福面臨一種眾望所歸、欲罷不能的局面，最後不得不答應「服從黨的需要」。

(四)

一九二八年十月，羅斯福回應黨對他的指示，接受了作為紐約州州長候選人的提名。他的提名被與會代表一致通過，這再次說明他參加州長競選是眾望所歸。

這是羅斯福在身患重病之後第一次參加重要公職的競選。在競選的第一天，羅斯福就碰到了他從此以後終生都不得不與之搏鬥的問題，即他的政敵利用他的殘疾大做文章、共和黨的報紙攻擊艾爾·史密斯為了自己的野心，無情的讓一個瘸子作出犧牲。他們這個提名對羅斯福和全州的人民都不公平。他們的評論是：如果羅斯福的朋友想為他做點好事的話，最好的辦法就是投票反對他。

針對這些攻擊，艾爾·史密斯在記者招待會上說：

「我們認為，一個州長不一定是一個雜技演員。我們選他不是因為他能作後滾翻或前空翻。州長所做的是腦力活，是想方設法為人民謀福利。」

羅斯福也鄭重的聲明，他並不是被逼著來參加競選的。他說：

「我之所以會出來參加競選，那是因為黨內的領袖和代表集會時，一致認為我的提名對選民們來說，是史密斯州長的政策得以貫徹的最好保證。正因為他感到，我自己也感到，史密斯州長所建立的州政府，以及他樹立的為人民服務的崇高理想，正處於危難之中，所以我才接受提名。因為這事關重大，絲毫都不能考慮個人的得失。我一定要在這場鬥爭中獲得勝利。」

同時，羅斯福還宣布，他要在本州的各個角落與選民們會面，透過直接對話粉碎造謠者對他的中傷。

路易士·豪很快就投入到對羅斯福競選活動的組織工作當中。他為羅斯福建立起幾個專門的委員會，以迎合各個團體的需要。他還為羅斯福找來了一位大學教授擔任助手，這是競選中前所未有的創舉。

接著，羅斯福便帶著他的一般競選人馬開始為期四週的競選宣傳。為了使自己能與更多的選民接觸，在競選後期，羅斯福改稱汽車而不坐火車，這樣可以幫助他在幾十個

第八章　臨危受命任州長

村長和路口向選民們演講。

在競選過程中，羅斯福臉色健康，精神抖擻，與選民們熱情的握手、拍肩，談笑風生，表演了作為候選人所該表演的一切。

他拖著傷殘的身體每天都要作平均兩百英里的競選旅行，發表十二次演說。他還充分利用了新出現的無線電廣播，使自己的聽眾大幅增加。在競選的後三個星期中，羅斯福的行程達一千三百英里，發表了五十多場演說。這使隨行的許多人都感到疲憊不堪，而他卻宣稱：

「如果再競選六個月，我就可以扔掉拐杖了。」

在十一月六日的總統大選中，共和黨人赫伯特·胡佛在前任功績的光輝下大獲全勝，艾爾·史密斯一敗塗地，民主黨在全國遭到慘敗。然而在這種嚴峻的形勢之下，羅斯福卻擊敗了自己的對手——民主黨的奧廷格，當選為紐約州州長。

一九二九年元旦，羅斯福在奧爾巴尼擁擠的議會大廳中，手按著家裡的那本荷蘭版《聖經》宣布就職。恰好三十年前，狄奧多·羅斯福也就是在這個房間中宣誓就職的。

在此後的州長任期內，羅斯福坐鎮奧爾巴尼，處理各項事務，獨立地擔任起州長的重任，打消了人們的顧慮。路易士·豪和艾莉諾則時刻提醒他要密切關注華盛頓，絕不能只囿於紐約州，要牢記此時的政績是在為入主白宮做準備。

在州長任內，羅斯福的施政重點如養老金計畫、勞工權利、水土保持、發展水電、社會救濟以及公共福利等，都為日後推廣到全國作了預演並取得了經驗。儘管他追求進步的改革效果並不理想，但羅斯福以其坦誠、直率而新穎的姿態和廣泛的輿論影響打動了廣大選民的心。不僅是在紐約州，在全國人民心目中都大大的提高了自己的聲望。

此外，在擔任州長期間，羅斯福實際上已經組織好了他日後競選總統時的智囊團和領導團隊。其中的人員包括哈利·勞埃德·霍普金斯（羅斯福擔任總統期間最得力的助手）、弗朗西斯·珀金斯（美國第一位女內閣部長）、亨利·摩根索（財政部長）等。

在一九三〇年的紐約州州長競選中，羅斯福採取了避實擊虛的策略，針對共和黨競爭對手查理斯·塔特爾的攻擊，他說：

「別讓你的對手來選擇戰場。要是他選擇了一個戰場，你就別進去，讓他一個人在那裡打好了。」

此時，羅斯福將自己的競選議題集中在水力、電力、農業、勞工、公共工程、禁酒法以及養老金等人們普遍關注、關係到每個人切身利益的問題上。

事實證明，羅斯福的策略是成功的，最終羅斯福擊敗對手塔特爾，連任紐約州州長。

此次能夠連任，一方面是由於羅斯福獨特的風格贏得了選民的支持；另一方面，也是由於一九二九年的經濟危機令人民普遍對共和黨人總統胡佛感到失望。從一定意義上來說，經濟危機給民主黨在此後一九三二年的總統競選中獲得提供了絕好的機會。

第九章　問鼎白宮

書不會毀於戰火。人會死，但書永不死，沒有人也沒有武力可以終止記憶。

——羅斯福

第九章　問鼎白宮

（一）

羅斯福是在國內太平無事、一派欣欣向榮的背景下走馬上任出任紐約州州長的。柯立芝曾說，美國是一個搞實業的國家，所以需要一個為實業界服務的政府。他的名言是：

「建立一座工廠就是蓋一座聖殿，在工廠裡工作就是在那裡做禮拜。」

滿懷信心的胡佛則更是以「更大的繁榮」為口號而取得了白宮的入場券。他在競選總統時宣稱：

「我將繼續推行過去八年來的各種政策，在上帝的幫助下，我相信，我們很快就將目睹貧困被放逐於這個國家之外的那一天。」

柯立芝在任美國總統期間，國家的繁榮主要體現在兩大方面：

一，由於科技的發展，生產效率獲得極大提高，人均國民生產總值從一九二三年的四十四美元上升到一九二九年的五百美元；國民生產總值從一九二三年的八百一十二億美元上升到一九二九年的九百八十四美元。

二，國內工業生產在汽車、電氣及耐用消費品和建築等領域均獲得很大發展。

有了之前的「柯立芝繁榮」，胡佛自然是滿懷信心了。

然而，有一點卻不能忽視，那就是柯立芝時代的許多消費品都是以分期付款的方式來進行的。也就是說，所謂的「柯立芝繁榮」基礎並不牢靠。胡佛雖然托「繁榮」之福，順利的戰勝的民主黨對手，競選總統成功，但柯立芝同時也將一個隨時都會爆炸的炸彈交到了胡佛手中。胡佛不會想到，上任沒多久，他就被經濟搞得焦頭爛額了。

在柯立芝時代，倒賣股票已經成為最流行的投機生意，各個階層的人們都被吸引到證券市場上去了。人們都信奉這樣的宣傳：買股票就能賺錢，早買早賺，不買錢就被別人賺去了。人們手中的股票不斷升值，但誰也不願拋出。於是，工業、公共事業、鐵路和銀行都「像製造肥皂塊那樣」趕緊製造新股票上市。

當時任商業部長的胡佛曾對這種愈演愈烈的投機活動表示關心，但他卻並沒能使股票市場恢復即使是表面上的穩定。各大證券交易所的股票行情都以胡佛上任為信號，掀起了再一次的高潮。股票證券的製作與分配成為當時重要的熱門行業，商業及其準則主宰了一切，舉國上下的各個階層和各類機構幾乎都淹沒在如羅斯福所言的那種「虛假繁榮」的巨大泡沫之中。

一九二九年十月二十四日的「黑色星期四」，紐約證券市場在經歷了幾次小小的預震後出現了坍塌，幾十種主要股票價格垂直狂跌，絕望的人們瘋狂的拋售手中的股票，

第九章　問鼎白宮

當天就有一千兩百八十九萬股易手。

崩塌的高潮終於在十月二十九日這天到來了：大批的股票湧入市場，不計價格的拋售。這天的瘋狂交易最後以一千六百四十一萬股的最高記錄收盤。

根據《紐約時報》的統計，五十種主要股票的平均價格幾乎下跌了四十。與此同時，在另一些市場，如外國股票交易所、美國較小的交易所、穀物市場等，價格慘跌並接近恐慌狀態。到十一月中旬，股票價格再一次狂跌，「柯立芝－胡佛繁榮」處於垂死的邊緣。

這次股票暴跌還只是經濟全面持續衰退的一個開端。在此後的三年當中，金融業、工商業的指數一次成比例地劇烈下降。作為一九二〇年代經濟繁榮支柱的鋼鐵、汽車、建築等行業，衰退情況更是驚人，許多知名企業在日漸消失。農民的總收入普遍下降，對外貿易總額也在快速下降，失業人數最高時達一千五百萬人。所有這些，構成了美國一九三〇年代的經濟大蕭條。

（二）

面對猛烈的經濟危機所帶來的巨大災難，胡佛總統急得輾轉反側，吃睡不寧。他的雙眼因為勞累和發愁而熬得通紅，但卻無力扭轉這一嚴重的局面。整個美國幾乎都陷入一種抱怨、謾罵和憤怒之中，亂成了一團。胡佛總統的威望、信譽至此也徹底垮台了。對於這一切，羅斯福曾預言，此後共和黨再也不能穩穩的坐在白宮裡了。

可以說，席捲世界的這場經濟危機，為羅斯福進入白宮創造了有利的條件。因此，在他取得一九三〇年州長選舉的全面勝利後，就立即開始了爭取民主黨總統候選人的提名活動。在他進入奧爾巴尼政府那天，受到了五千多名群眾的冒雨夾道歡迎。群眾們紛紛向羅斯福高呼：

「我們的下一任總統！」

羅斯福為自己的此次競選活動親自作出了重大的戰略決策，而日常工作都託付給路易士．豪和法利去處理。

經濟危機發生後，羅斯福意識到紐約州失業問題的嚴重性，但他仍然認為這種蕭條只是暫時的。他認為，逐漸加劇的失業問題最好依靠實業界的大亨來解決，而不是由政府出面干預。他指定了一個緊急救濟失業委員會來採取措施，對付不斷加劇的失業問題。這種措施使得紐約州成為主動採取對付失業措施的第一個州。

在美國的四十八個州長當中，羅斯福也是處理經濟蕭條最積極的一個。他肯定形勢的嚴重性，但也要找出問題的性質、因果關係，然後找出方法來戰勝它們，並阻止它們

第九章　問鼎白宮

帶來的災難性後果。

在羅斯福的緊急督促之下，一九三一年底，紐約州在全國的四十八個州中最早成立了臨時緊急救濟署。具有「洞察一切的判斷力」的哈利·霍普金斯擔任執行主人，負責這一具體計畫的實施。

在一九三〇年的國會選舉中，共和黨已經喪失了在眾議院中的優勢，在參議院的多數也降到了最低限度。到一九三二年的總統競選，共和黨已經不能推出新的候選人了，就只能由胡佛迎戰。民主黨很清楚，胡佛沒有連任的可能，這就意味著誰能獲得民主黨的總統競選提名，誰就能順理成章的成為未來白宮的主人。在這種情況下，民主黨內部的競爭是相當激烈的。

一九三一年初，路易士·豪與法利創立了一個掩護競選活動的組織——「羅斯福之友」，向公開爭取提名跨出了一步。羅斯福自己也直言不諱的表明，自己將爭取下一屆總統候選人的提名。

在爭取獲得提名的鬥爭中，羅斯福也遭到了許多困難，而最大的困難就是遭到黨內一些有影響、有分量的人物的反對。其中還包括民主黨的元老艾爾·史密斯、眾議院議長約翰·加納和曾在威爾森政府中擔任陸軍部長的牛頓·貝克。他們還得到了在輿論界頗具聲望的沃爾特·李普曼的支持。

李普曼認為，羅斯福充其量也不過是個「和藹可親的童子軍而已，根本不具備擔任總統的任何重要特質，但只是非常想當總統而已」。他認為羅斯福是一個沒有任何理論指導的人，是個實用主義者和實驗者。然而，李普曼的這一判斷成為歷史上的重大失誤。事實證明，羅斯福在擔任總統的十二年中，不愧為美國歷史上一位偉大的總統。

(三)

面對來自各方面的攻擊，羅斯福必須用事實來說明他不是一個急功近利者，而是一個有遠見、有頭腦的政治家。作為紐約州的州長，他所關心的的確偏重經濟蕭條的影響；現在，他必須把目光看得更加長遠才行，要能夠提出對付動亂的根源以及減少動亂後果的措施與政策。

羅斯福不願使他的競選活動剛一開始，就處於比對手領先遭受風險的地位。因此，他進行了系統的努力，先迴避包括一些有關外交政策中有爭議的敏感問題，以免引起主要集團之間的對抗。只有先獲得提名和當選總統，才能有時間和能力去對選民進行教育。

第九章　問鼎白宮

這時，羅斯福的智囊團發揮了作用。這個由羅斯福－奧康納事務所合夥人巴爾斯·奧康納、法學教授莫里、農業問題權威特格韋爾、公司法和信貸專家阿伯利和羅森曼五人所組成的著名的「五人智囊團」的第一個成果，就是經過整整一個月的探討、爭論、修正、定稿和形成的一系列方案，其代表便是一個厚積薄發的綱領。這就是羅斯福在一九三二年四月七日「幸福牌香煙」廣告節目時間向全國發表的十分鐘演說。

雖然這次演說是在民主黨全國委員會主持下發表的，但羅斯福這位候選人為了有利於自己，提出了一項積極的計畫，旨在消除自由派對其改革主張所持的疑惑。

羅斯福以具有預兆性的語言，駁斥了共和黨和民主黨保守派提出的「涓涓細流」的建議，而要求採取一種「由下而上而不是由上而下做起的，將信心再次放在經濟金字塔底層那些被忘卻的人們身上的復興計畫」。他呼籲，應將復興金融公司的一部分資金借給面臨破產的小商人和農民，這一切將是新政的重要部分。

羅斯福說：

據說，拿破崙的滑鐵盧慘敗是由於他忘記了步兵而把一切都寄託在比較顯眼但較次要的騎兵身上。現在的華盛頓當局不完全像拿破崙，但又有些像拿破崙。當局也許是忘記了，也許是不願意想起，我國經濟「大軍」中的那些「步兵」們。目前，這樣的艱難時局要求我們把計畫建立在經濟大國中被遺忘的、沒有組織起來的，但又是不可或缺的那些單位之上；要求我們自下而上而不是自上而下的制定計畫；要求我們把這些計畫重新建立在對經濟金字塔底層被遺忘的人的願望和信念之上。

……任何一個民族，如果有一半人破產便不可能存在；如果有半數買主失去了購買力，內閣、百老匯、工廠、礦山就都要統統關門……已經是時候了，我們必須勇敢的承認，我們處於至少和戰時相差無異的非常狀態。我們要動員起來，一起度過難關。

羅斯福熱情、自信的聲音很快就激起了中西部、南部等廣大選民的深切公民。這次關於「被遺忘的人」的談話，不僅逼真的刻畫了經濟大蕭條中人民的境遇，而且因是在競選活動中爭取代表的關鍵時刻發表的，因此紐約州長羅斯福成為受苦者和背剝削者的眾望所歸的人物。他們彷彿在黑暗之中看到了一線曙光。

一九三二年六月的最後幾天，民主黨人興高采烈的從四面八方來到芝加哥，他們確信下一屆美國總統將由民主黨人來擔任。由於總統候選人問題，民主黨內部進行著明爭暗鬥，羅斯福沒有親赴芝加哥出席代表大會，但卻穩坐紐約，靜觀陣勢，只有他的競選團隊在會上四處活動。

經過幾個回合的角逐和戰鬥，羅斯福終於以三分之二多數的選票獲得總統候選人的提名。曾經稱他是「和藹可親的童子軍」的李普曼此時也不得不改口說：

「我確信，這位州長的能力或許是被低估了，或許更可能是他還很年輕。他是可以令人驚奇的發展和成熟的。」

隨後，李普曼宣布他會「愉快的投羅斯福州長的選票」。

按照傳統的管理，被提名的總統候選人要等待幾個星期，聽候黨的委員會給他送來獲得提名的正式通知書；但是，羅斯福決定打破這一由來已久的慣例，戲劇性的實現他的意圖，其辦法就是採取前往未有的行動，由奧爾巴尼飛往黨代表大會會場，直接去發表他接受提名的演說，而不是坐等隆重的通知儀式的到來。

(四)

七月二日上午七時，羅斯福乘坐飛機從奧爾巴尼飛往芝加哥，隨行的人有羅森曼、艾莉諾和兩個兒子、祕書利漢德等。途中，飛機因風暴襲擊而兩次著陸加油，羅斯福則忙著在機艙裡緊張的整理羅森曼為他起草的演講稿。

九個小時後，飛機才抵達芝加哥。到達會場後，羅斯福徑直走向演講台，向與會的代表，以及全國大約一千萬簇擁在收音機旁的聽眾發表了字斟句酌的、「充滿希望」的談話。羅斯福說：

在今後履行任務之初，我就打破了一個荒謬的傳統，那就是：一個候選人要在幾個星期裡對所發生的事情一無所知，一直等到好幾個星期後才有人正式通知他這件事。現在，你們已經提名我，我也知道了這件事，我現在到這裡來就是感謝你們給予我的榮譽。讓這件事也作為象徵，表明我這樣做就是打破傳統。讓打破愚蠢的傳統成為我們黨今後的任務。

接著，羅斯福又緬懷了民主黨作為一個自由主義的進步政黨在歷史上所起到的作用，回顧了一九二〇年代景氣和蕭條的歷史，數落了執政的共和黨在應付危機方面的無能，簡述了他為渡過危機而準備復興的計畫。他說：

美國人最需要的是什麼？我認為，他們需要兩樣東西：包含一切道德和精神價值在內的工作；與工作一起的還有適度的安全，包括自身的安全、家人的安全等。工作和安全，對每個人來說都十分重要，不能只是說說而已，更不能就事論事。它們是一種精神價值，是我們的一切重建工作所要達到的真正目標。

為了實現這些目標，羅斯福提出了類似他作為州長時所提出的那些計畫：為窮苦百姓提供聯邦救濟；興辦自給的公共工程項目，為失業者提供職業；廢除禁酒法；植樹造

第九章　問鼎白宮

林，以便更好的使用土地；降低對房屋和農場抵押品的利息；調節證券交易；自願執行農作物控制計畫，減少剩餘農產品；降低關稅稅率；等等。

當羅斯福將這些計畫傳到給聽眾時，語調中充滿了信心。代表們認為，這不是通常那種有意獲得代表們拍手叫好的鼓動性演說，而是「對形勢的明確分析」和對一個大膽的解決方案所進行的概述。

直到演講即將結束，羅斯福才加入一些充滿熱情的話語。他說：

人類從每一次危機、每一次劫難、每一次災禍中獲得新生時，他們的知識都會變得更加廣泛，道德變得更加高尚，目標也變得更加純潔。而今天，這是個思想渙散、道德墮落的時代，一個自私自利的時代……我們不要只責備政府，也要責備我們自己。要相信，我們的幾千萬公民希望他們傳統的生活準則和思想準則並沒有一去不復返，他們的這一個希望不會落空，也不應該落空。

我向你們宣誓，我也為自己宣誓：要執行有利於美國人民的新政。讓我們全體在場的人都成為未來那種富有成效和勇氣的新秩序的預言者。這不僅是政治競選，這是戰鬥的號令。請你們幫助我，不僅是為了贏得選票，而是要在恢復美國故有的這一偉大進軍中取勝。

（五）

羅斯福的競選總部設在紐約市麥迪森大道三百三十一號的一所不太引人注目的辦公樓裡，這裡有工作人員六百多名。依照慣例，羅斯福任命法利為民主黨全國委員會主席。法利和莫里在工作上有著嚴格的分工：法利負責在全國拉選票，他精通戰略，熟悉細節，建立了現代總統競選的模式；莫里負責率領「智囊團」為羅斯福起草競選演說和備忘錄。

為了證實自己的身體很好，精力充沛，平息那些關於他健康的各種謠言和非議，羅斯福選擇了巡迴旅行的「樹樁演說」競選方法。

一九三二年九月十二日，由六節車廂組成的競選專利從奧爾巴尼出發，陪同羅斯福一起出行的有艾莉諾和兒子吉米、利漢德小姐、莫里、法利、參議員基·皮特曼、技術人員、記者、保安以及「紐扣俱樂部」的成員馬文·麥金泰爾等人。

羅斯福的專列橫穿北美大陸，抵達西海岸的三藩市，然後調頭到洛杉磯、西雅圖、亞利桑那、新墨西哥、科羅拉多、內布拉斯加、愛荷華、伊利諾斯、底特律等，隨後又到南部諸州，還有一次到了屬於共和黨勢力範圍的新英格蘭。

在這一路上，羅斯福行程大約一點三萬公里，共發表了十六次重要的長篇演說和

第九章　問鼎白宮

六十七次短篇演說，將他的施政觀點和應對經濟危機的措施全部又闡述了一遍。沿途所見的經濟危機後的景象讓他大為震驚，情況遠比他想像得更糟糕。到處都是失業的人群，到處都是等待救濟的饑民。他說：

「我觀察過千千萬萬個美國人的面孔，他們露出了迷路兒童似的驚惶之色。」

羅斯福回憶起一戰停戰後的歐洲，好像又看到了飽受戰爭災難和奴役的人們。

在很多問題上，羅斯福並不單刀直入的明確表態，而是盡量多留些餘地，以便自己始終都處於穩固的地位。但是，他所有的演說都是透過抨擊胡佛政府來強調改變現狀的必要性和緊迫性。他用四句話概括了對胡佛政府進行了嚴厲的批評：

一，它透過虛偽的經濟政策鼓勵了投機活動和生產過剩；

二，它極力低估經濟大蕭條的嚴重性；

三，它錯誤的將經濟原因歸罪於國家，拒絕承認和糾正國內的弊端；

四，它遲遲不發放賑濟，並忘記了實行改革。

對此，胡佛也展開了有力的反擊。他連續發表了九次重要演說，認為促成大蕭條的原因是一些他不能控制的情況和事物，如世界大戰後遺症、經濟的過度膨脹、投機行為、一九三一年歐洲經濟崩潰，以及由此產生的金融影響和消費下降等。

九月二十三日，羅斯福在三藩市的聯邦俱樂部發表了此次競選活動中最偉大的一次演講。從一定意義上來說，此次演講是羅斯福政治哲學和意圖的全面闡述。

在演講中，羅斯福明白無誤的指出，美國資本主義已經發展到了壟斷階段，自由放任主義和到處是擴張機會的「偉大時代」已經過去，「自然擴張力」的枯竭要求政府介入並指導創建新的經濟秩序，因此政府必須加強干預和調節經濟的智慧。從這些演說當中，可以看出羅斯福新政的計畫與指導思想，因此，該演說也成為新政的經典性憲章。

儘管胡佛也在有力的還擊，但在投票選舉前，羅斯福在民意測試中已經遙遙領先了，勝利已經成為定局。胡佛所到之處，甚至遭到選民的攻擊，用雞蛋和番茄投擲胡佛的競選專車。一個在任內使全國七分之一的人不得不靠施捨度日的總統，想再當選已經是不可能的了。

十一月八日一早，羅斯福在海德公園村投票後，便回到紐約，與家人、朋友在民主黨總部聽取選舉結果。他高興的親自接聽現場指揮人員打來的電話：羅斯福節節勝利。當得知賓夕法尼亞州這個「基本盤州」六十年來第一次投票給民主黨時，羅斯福哈哈大笑起來。

十一月九日凌晨零點十七分，大局已定，羅斯福以兩千兩百八十二萬張選票對胡佛

第九章　問鼎白宮

的一千五百七十六萬張選票而大獲全勝，贏得了全美四十八個州中四十二個州的支持，共獲得四百七十二張選舉人票；而胡佛只得到六個州的五十九張選舉人票。在國會中，民主黨以五十九票對三十七票占多數，在眾議院則以三百一十二票對一百二十三票占絕大多數。在州長競選中，共和黨也僅有八人當選。

自從七十二年前林肯總統以兩百一十二票對二十一票的絕對優勢擊敗麥克萊倫以來，這是美國兩黨競選史上第二次懸殊如此巨大的競選。自從一九三三年三月四日起，富蘭克林·羅斯福成為美國第三十二任總統。

第十章　宣誓就職新總統

誰都不應凌駕於法律之上，誰也都不應該受法律的欺凌，當我們要求人們遵守法律時，無須徵得他們的同意。

——羅斯福

第十章　宣誓就職新總統

（一）

羅斯福在總統競選中獲勝之後，共和黨內一片沮喪的氣氛。前任總統柯立芝在臨去世前沮喪的說：

「在其他蕭條的時期，總還能夠看到一些可靠的東西，你可以寄希望於它們。而現在，當我環視四周，我看不到任何可以給人希望的東西，也看不到任何有希望的人。」

這很能代表處於嚴重經濟危機下的美國當權者的心態，也確實的說明新任總統羅斯福肩上的擔子並不輕鬆。

從大選揭曉到就職典禮還有四個月的時間，在這段時間裡，羅斯福四處露面，先去了奧爾巴尼處理州長任職的收尾工作，然後又到溫泉度假，還巡視了田納西河流域。他始終都面帶微笑，輕鬆自如。在這期間，他拒絕了胡佛要求他就歐洲債務、對外貿易和國家預算等問題進行磋商合作的請求，因為他無意上胡佛政府這條「快要沒頂的破船」。他小心翼翼的極力躲閃，以免與胡佛的爛攤子發生任何的牽連。

其實，貌似輕鬆的羅斯福在這個漫長的冬季為次年的走馬上任進行著大量的棘手而繁複的準備工作。首先，羅斯福要精心挑選內閣人員。在組閣時，他的指導思想有四點：

一，他雖然以絕對的優勢擊潰胡佛，但民主黨還是一個少數黨，因此必須盡量吸引共和黨的加入，為一九三六年重新當選做準備；

二，委派保守的南方人領導國會中審核立法計畫的幾個要害委員會；

三，在內閣中任命一位婦女；

四、不準備優待反對他競選的那些民主黨領袖，如艾爾·史密斯和牛頓·貝克等人。

羅斯福還確定了由吉姆·法利擔任郵政部長，由猶他州州長喬治·德恩擔任內政部長，由科德爾·赫爾擔任國務卿，由卡特·格拉斯參議員擔任財政部長。

其次，羅斯福還與自己的顧問們致力於擬定一項包括新政基本要點的立法計畫，其中包括聯邦政府的救濟、對商業的津貼、各種經濟複雜計畫、新貿易條例、備忘錄、報告和建議書草稿等。他抓住爭論要點和記住經濟資料細枝末節的能力令所有對他表示懷疑的人都為之折服，此時再也沒人懷疑羅斯福的能力了。

就在羅斯福為迎戰經濟危機，精心組織內閣並制定宏偉的施政綱領期間，一場刺殺差點讓他的希望落空。

一九三三年二月十五日，羅斯福正在邁阿密訪問。晚上九時，他乘坐汽車在公園中發表演說，忽然人群中衝出一個個子不高、留著捲髮的男人，站在距離羅斯福不到二十

第十章　宣誓就職新總統

英尺遠的凳子上向他了槍。

所幸的是，驚駭的旁觀者莉蓮·克羅斯夫人一把抓住了刺殺者的手臂，導致他連發四枚子彈都沒有命中目標，但卻擊中了羅斯福身邊的芝加哥市市長賽爾·麥克。

緊接著，喊聲、尖叫聲響成一片，現場十分混亂。這時，羅斯福的司機把汽車向前開過去，但羅斯福卻命令他停車，因為他看了胸部負傷，正在搖搖欲墜的賽爾·麥克市長。特工人員拚命向司機吼叫，要他趕快開車，但羅斯福還是下了相反的命令，讓司機開車過去救麥克市長。

當汽車開到傑克森紀念醫院急救室門口時，躺在羅斯福懷裡的塞爾·麥克神志還很清醒。然而三月六日，他還是死去了。

經過調查，刺殺者是一位義大利移民，名叫朱塞佩·贊加拉，是個失業者，生活窮困潦倒，沒什麼政治信仰和組織北京，只是宣洩對富人和當局的不滿而已。他起初準備去刺殺胡佛，但因天氣寒冷，他又患上了胃病，最終未能成行。恰在此時，羅斯福來這裡進行演講，便差點成為替代的犧牲品。

三十五天後，兇手被判處死刑。他的刺殺行為差一點改變了美國的歷史。

（二）

混亂和失望籠罩著一九三三年這個陰冷而灰暗的春天。愛荷華州三分之一以上作為抵押的農田都被取消了贖回權。為了保護自己的房屋不致被抵稅拍賣掉，農民們都紛紛聯合起來，緊握手中的槍支，隨時準備投入戰鬥。

人們都在忍饑挨餓。為了節省幾個錢，家庭主婦們不得不重操醃水果和製肥皂的舊業。多數存戶對未來都不放心，紛紛從銀行裡把存款提出來。銀行的儲備減少了，金融危機已在醞釀之中。

二月十四日這天，密西根州宣布銀行放假八天，因為全州的銀行實際已經沒有支付能力了。在此之後，美國的整個銀行系統終於開始了大崩潰，各州的信託公司均到了山窮水盡的地步。

到三月一日，已經有十七個州的州長宣布全州銀行休假，只剩下紐約和芝加哥兩個大金融堡壘還在搖搖晃晃的支撐著門面。

三月四日凌晨，伊利諾州州長宣布全州銀行停止付款。隨後，紐約州州長也作出了同樣的決定。這個擁有一點三億人民的大國，金融活動驟然中止。

三月四日早晨，羅斯福一家在聖約翰聖公會教堂參加了一次特殊的禮拜，羅斯福的

第十章　宣誓就職新總統

內閣成員應邀參加了禮拜。

禮拜儀式由從格羅頓公學專程趕來的皮博迪博士主持。凝望著兩鬢斑白的老校長，聽著他祈求上帝保佑「你的奴僕，即將就任美國總統的富蘭克林」的禱文，羅斯福的耳際驀然想起格羅頓公學的校訓——「為徹底的自由服務」。

這天是星期六，華盛頓天氣陰冷，烏雲低垂。羅斯福與胡佛總統一同驅車前往國會大廈。中午，新總統的就職典禮開始。國會大廈東門外廣場上聚集著黑壓壓的人群，約有十萬人靜靜的佇立在陰寒灰暗的天空下，等待著新總統的上任。

當國會山上的大鐘敲響了正午十二點的鐘聲後，富蘭克林．羅斯福正式成為美國第三十二任總統。

羅斯福倚著吉米的肩膀，步履堅定而緩慢的出現在國會大廈的東門廊，從鋪著紅地毯的斜坡走向高高的白色講壇。他沒戴帽子，也沒穿大衣，黑色的禮服襯著臉色有些蒼白。

隨後，黑袍白須的最高法院首席大法官休斯主持了莊嚴的宣誓儀式，羅斯福微仰下巴，神情肅穆，將手放在家傳三百多年的荷蘭版《聖經》上，翻開《哥林多前書》的第十三章，然後用洪亮的音調一字一句的跟隨休息大法官宣讀誓詞：

我若能說萬人的方言，並天使的話語，卻沒有愛，我就成了鳴的鑼、響的鈸一般，徒有其聲。

我若有先知講道之能，深通萬物奧祕，且有全備的信念，力能移山，卻沒有愛，那我就算不得什麼。

我若能將所有的周濟窮人，並捨己焚身，卻沒有愛，仍然與我無益。

宣誓完畢，羅斯福轉身走向空曠的講台，冷風掀動著他那手抄的就職演說稿。暫態，平靜而堅定的聲音透過擴音器清晰的傳遍整個廣場，也透過無線電傳播到聚集在收音機旁的每一個美國人耳中：

這是一個民族獻身的日子。值此我就職之際，我確信同胞們期待著我能夠以我國當前情勢所迫切需求的坦率和果決來發表演說。現在，也的確有必要坦白而果斷的談一談我們面對的真實情況，全部的真實情況。我們不必畏縮，不必躲閃，不必不敢正視今天的現實。我們的國家過去經得起考驗，今後還會經得起考驗，它將要復興起來，繁榮下去。

因此，首先讓我表明我堅定的信念：我們唯一害怕的東西，就是害怕本身。那種會使我們向後退轉而前進所需的努力卻限於癱瘓的無可名狀的、沒有道理的、毫無根

第十章　宣誓就職新總統

據的恐懼。

緊接著，羅斯福又以簡潔、縝密的語言向人民剖析了經濟大蕭條中的一切苦難的根源：

我們的困難都只是物質方面的，價值萎縮到難以想像的程度。賦稅增加了，我們的納稅能力已降低，各級政府的財政收入銳減；交換手段難以逃出貿易長河的冰封，工業企業也盡成枯枝敗葉，農產品找不到市場；千萬個家庭的多年積蓄毀於一旦。

更重要的是，大批的失業公民面臨嚴峻的生存問題……而我們並沒有遭到什麼蝗蟲之災，大自然的恩惠依然未見，人的努力更會令其倍增。我們的手頭並不匱乏，但豐足卻激發不起慷慨的用度。這首先是因為掌握了人類物品交換統治者們的頑固與無能。他們被迫承認失敗而溜之大吉，貪得無厭的錢商在輿論的法庭上被宣告有罪。

隨後，羅斯福又進一步指出：

他們也的確作過努力，但是，他們的努力脫不開過時的傳統的窠臼。面對信譽的失敗，他們的建議卻只是借貸更多的錢。他們失去了利潤的吸引力，無法在令人民遵從他們的虛偽領導，於是他們不惜進行敲詐，痛哭流涕的要求人民對他們恢復信任。他們沒有預見，而缺乏預見性就會令人民跟著遭殃。

錢商們從我們文化廟堂的高處逃走了。現在，我們可以讓廟堂仍然回歸古老的真理……必須中止金融業和商業中的那種使神聖的委託渾似無情和自私的罪行。然而，復興並不僅僅要求改變道德觀念。這個國家要求的是行動，而且是馬上的行動！

(三)

羅斯福在演講期間，廣場上黑壓壓的人群一片寂靜。人們都在認真的傾聽著這位新上任的總統的就職演說。

接下來，羅斯福承諾了自己即將任職期間的行動綱領：首要任務是給人民創造就業機會；其次是提高農產品的價格和購買力；堅持由聯邦和各級地方政府採取行動，統一管理救濟工作，盡力避免目前的分散、浪費和不均現象。

此外，國家還要將一切形式的交通運輸和其他屬於公共事業的設施置於計畫和監督之下；同時，還要嚴格監督一切銀行儲蓄、投資和信貸等行為，嚴格制止利用他人存款進行投機的行為，必須提供充足而具有償付能力的健全貨幣。

在外交方面，羅斯福要求美國奉行睦鄰友好政策，但政府要根據實際情況，有重點、有秩序的處理對外事務。他希望正常的行政和立法分權制衡體制足以應付當前所面

第十章　宣誓就職新總統

臨的重任，然而，史無前例的要求和迅速行動的需要也或許會令國家有必要暫時背離正常的行進軌道。對此，羅斯福將「提出一些措施，這些措施對於一個遭受經濟打擊的大國來說，可能是需要的」。他將設法快速推行自己的措施，或者採納由國會提出的類似的明智舉措。

> ……然而，一旦國會不能在這兩者之間任選其一，一旦國家危機仍然緊迫，我也將絕不推卸責任。我將要求國會賦予我使用應付危機的唯一手段——向非常狀態開戰的廣泛行政權力，就像在真正遭受外敵入侵時所應授予我的權力一樣。……對此，我也絕對不會有負眾望。

新總統羅斯福的就職儀式簡單，甚至有些草率，但就職演說卻獲得了巨大的成功，受到了絕大多數人的歡迎和支持。他們從新總統的演說中獲得了勇氣和力量，受到了極大的鼓舞。同時，他們也以自己的方式來鼓勵總統，表示對總統的支持——僅僅一個週末，羅斯福就收到了五十多萬封祝賀信。

宣誓就職後，羅斯福開始大刀闊斧的進行他的「旋風式新政」運動了。為了讓他的政府快速行動起來，羅斯福要求參議院立即批准他的內閣。隨後，羅斯福的內閣未經舉行聽證會的程序便被匆匆批准了。

晚上，內閣成員都集中在白宮樓上的橢圓形大廳中，在羅斯福的帶領下，由最高法院大法官班傑明·卡多佐主持宣誓就職。這是內閣首次作為一個整體而宣誓就職，也是首次在美國白宮舉行這樣的儀式。從此，一場震撼美國的改革就在羅斯福的內閣和他的智囊團參與下開始了。

羅斯福內閣中的人物構成十分複雜。美國史學家拉爾夫·德·貝茨說，羅斯福的內閣人選就是一個「大雜燴」。這些人有透過正統規則遴選出來的，也有按照試驗原則遴選出來的；有進步的新政人士，也有因照顧其對黨的貢獻而給予官職的人。

國務卿一職由田納西州的科德爾·赫爾擔任。這個人雖然是個南方國際派，以稅務專家和堅決主張低關稅政策而聞名，但在參議院中頗具影響力。當時赫爾已經六十一歲，性格倔強，有時羅斯福也會讓他坐冷板凳，但他很快就適應了新政中的很多主張，因此供職國務卿的年限是美國歷史上最長的。

財政部長威廉·伍丁名義上是個共和黨人，但他實際上長期支持羅斯福，與羅斯福交往密切。伍丁在解決銀行危機上很有一套切實可行的方法，因此深得羅斯福器重。

最引人注目的，是勞工部長弗朗西斯·珀金斯女士、內正部長哈羅德·伊克斯和農業部長亨利·華萊士。這三位因貫徹了無數突出的新政計畫，以及經常為新政出謀劃策，故而在理論上和政策上被認為是羅斯福新政的化身。

弗朗西斯·珀金斯女士是美國聯邦政府歷史上的第一位女部長。她的入閣當時曾在社會上引起不小的轟動。有一位記者問她，身為女性擔任部長是否感到有些不便時，她冷冰冰的回答說：

「除非是爬樹。」

第十一章　「百日新政」

實現明天理想的唯一障礙是今天的疑慮。

——羅斯福

第十一章　「百日新政」

（一）

新總統強大的政府團隊組建後，新政也便陸續開始了。羅斯福的新政帶有濃厚的實用主義觀點，大部分都來自他那樂於兼收三教九流人才的胸懷。這些人才有不少出身於學術界，他們可以在一般的事務當中發揮他們的合理思維和分析才華，並在特定的領域中運用他們的專業知識。

作為新政派的學者，他們通常都是傾向於改革的。他們相信，藉助於計畫，運用先進的科學知識，是可以將美國營造成一個「良好的社會」的。為此，他們也帶來了許多不同的思想觀點，諸如第一次世界大戰期間的國家計畫經驗，二十世紀初期的都市改革目標等，以及十九世紀平民黨的農業和財政改革主張等。這些觀點對羅斯福實施行政起到了重要的推動和促進作用。

由於美國的經濟大危機是由瘋狂的投機活動引起金融危機而觸發，因此，羅斯福的新政處方也先從整頓金融入手。

在被稱為「百日新政」（一九三三年三月九日到六月十六日）期間制定的十五項重要立法中，有關金融的法律就占了三分之一。羅斯福的就職時，全國幾乎所有銀行都停業了。三月四日，支票在華盛頓已經無法兌現。在就職的第三天，即三月六日，羅斯福發布全國銀行「休假」的命令，這是他採取重建金融和經濟結構的第一步。

接下來的第二步行動，就是召開國會緊急會議，要求國會馬上採取立法措施，認同總統採取行動，擴大總統的權力，授權總統採取他認為必要的新政措施。

在羅斯福的要求下，三月九日，國會通過了《緊急銀行法》，決定對銀行採取個別審查頒發許可證制度，一是為淘汰一部分基礎薄弱和經營不善的銀行，二是為政府贏得時間，籌集應付儲戶提存所必需的貨幣。

銀行整頓在接下來的幾天內全力進行。從三月十三日到十五日，全國就有一點四萬多家銀行領到執照重新開業，於一九一九年的危機爆發時的二點五萬家銀行相比，淘汰了一萬多家。

羅斯福所採取的這一整頓金融的措施，對穩定局面、激勵人心大有作用。有一位朋友曾對羅斯福說，如果他能圓滿的完成自己所確定的這項任務，他將會被作為美國最偉大的總統而載入史冊；但如果他失敗了，他就會被作為最糟糕的總統而被人民譴責。

羅斯福聽後，平靜的回答說：

「如果我失敗了，我將是美國的最後一位總統。」

在銀行重新開業的前一天，即一九三三年三月十二日，羅斯福發表了就職後的第一

第十一章　「百日新政」

次「爐邊談話」。全國大約有六千萬人坐在收音機旁聽他的報告。羅斯福說：

「我想花幾分鐘的時間向全國人民談一談銀行的問題。」

隨後，他用普通公民很容易聽懂的話語，就銀行危機談了二十分鐘。他督促聽眾將他們的餘錢存入銀行，他說：

「把錢存入重新開業的銀行，比放找你們的床墊子下面更保險。」

最後，他又回到演說主題：

「讓我們團結在一起，消除恐懼。我們已經成立了恢復我們金融體制的新機構，接下來就要由你們支持這個機構，使其發揮作用了。這個問題既是我的，也是你們的。我們只要團結起來，就不會失敗。」

羅斯福的語調熱情而令人安心。在寂靜的寒夜裡，總統那平易近人的貼切話傳遍了千家萬戶，頓時冰釋了長期以來鬱結在人們心中的疑團，消除了對現存體制的不信任甚至敵視。

次日，在十二個設有聯邦儲蓄銀行的城市裡，各大銀行的存款數都超過了取款數。幾天之內，各州的聯邦儲蓄銀行便回籠了三億美元的黃金和黃金兌換券。以此為儲備，銀行又開始印製發行七點五億美元的新鈔票。財政部長伍丁批准某些銀行可以讓確需現款的存戶們每戶提取十美元的現鈔，商業市場從此逐漸活躍起來了。

不到一週，交易所裡也重新響起了電鑼聲，紐約股票價格上揚百分之十五，道瓊股票行情分析所對經濟走勢作出了樂觀的預測，金融恐慌終於過去了。

在僅僅兩週的時間裡，羅斯福就令全國的經濟形勢發生了轉變，人們的心情開始重新開始樂觀起來，精神面貌和對政府的信心都發生了根本性的變化。在紐約市的小學生中進行的一項測驗表明，羅斯福總統最受歡迎，其次才是得票遠遠低於他的上帝。

對此，《紐約時報》也宣稱：

「從來沒有哪個總統能在如此短暫的時間內讓人覺得這樣滿懷希望。」

（二）

雖然新政已經初見成效，但冷靜而深謀遠慮的羅斯福總統並沒有陶醉在人民的歡呼聲中。他很清楚，眼前的效果僅僅是防禦性的臨時應對措施的奏效使然。要想真正改變形勢，還需要付出很多努力。

在整頓銀行的同時，羅斯福還探索了一條不全靠增加政府債務而又有控制的以通貨膨脹來刺激經濟復興的途徑，以加強美國對外經濟的獨立。從一九三三年三月十日宣布

第十一章　「百日新政」

停止黃金出口開始，便採取一個接一個的重大舉措：

四月五日，宣布禁止私人儲存黃金和黃金證券，美鈔停止兌換黃金；

四月十九日，禁止黃金出口，放棄金本位；

六月五日，公私債務廢除以黃金償付。

一九三四年一月十日，宣布發行以國家有價債券為擔保的三十億美元紙幣，並使美元貶值百分之四十點九四。透過美元貶值的方法，來加強美國商品對外的競爭能力。

在一九三〇，一些將金本位看做是強國象徵的西方拜金主義者，將放棄金本位和美元貶值看成是一件非常了不起的大事。羅斯福的預算局長路易·道格拉斯稱，羅斯福的做法是「西方文明的終結」。但大資本家們卻從切身利益關係中體會到了羅斯福這一招的確厲害，美國在世界市場上又有了強大的競爭力。金融巨頭老摩根公開發表聲明，贊成放棄金本位和美元貶值。

除了解決首要的金融問題外，其次就是實施針對農業危機的農業調整法案。剛一上任，羅斯福就授意農業部長華萊士和主力部長特格韋爾著手擬定《農業救濟和通貨膨脹法令》。

三月十六日，該法令被提交國會，三月二十二日由眾議院通過。隨後，眾議院在對其進行了長達幾週的激烈辯論後也通過，總統於五月十二日簽署，俗稱第一農業調整法。

這項法令旨在恢復農業購買力，減少農產品過剩，恢復農民在一戰前黃金時代所享有的經濟地位以及將農業生產納入某種計畫軌道。為此，它授權設立一個隸屬於農業部的農業調整署，全權負責農業生產的調整和農產品的加工銷售等。

根據該計畫，農場主限制耕種面積可獲津貼，以對加工廠廠主徵稅的辦法來籌集支付津貼的資金，而這種稅收最終會轉嫁到消費者身上。羅斯福承認，這是「一條沒有走過的新路」，但同時還強調說，要想恢復農業，就必須採取一些必要的措施。

第三就是針對工業進行的工業復興計畫。新政的工業復興計畫具有多方面的起因和廣泛的背景，羅斯福在開始時並沒有考慮這一項廣泛的計畫。但由於種種壓力集團對改革提出了不同的建議，因此在五月十七日提交國會的法案是一個對各方利益都有所滿足的綜合性方案。

羅斯福總統在六月十六日簽署這項《全國工業復興法》法令時說，該法令的目的是保證工業的合理利潤和工人維持生活的薪水，以消滅那些既妨礙正當工商業，又傷害勞工利益的海盜式的方法和措施。所以，該法令其實是對大蕭條中美國商業中已明顯不適

第十一章　「百日新政」

應生產力發展的生產關係進行的局部調整，是對處於自我毀滅性的盲目競爭現狀的企業家、極度貧困的勞工以及矛盾尖銳的勞資關係進行的一定程度上的國家干預。

《全國工業復興法》分兩部分。首先它宣布國家處於緊急狀態，暫停部分反托拉斯條款的實施；成立國家復興管理局，並在其認可和監督下，由資方、勞方和公眾代表組成的委員會制定分別適用於各個行業的法規，同時還給予工人在「公平競爭法規」所包含的所有工業部門中，組織工會的權力和全體談判的權力。

其次，該法授權總統建立公共工程管理局，撥款三十三億美元，投建公共工程，以實現大規模的直接就業計畫。

但由於種種原因，《全國工業復興法》並沒有達到羅斯福所期望的復興工商業的目標，只是在一定方面上取得了成就，比如：令兩百萬工人有了工作；制止了通貨膨脹的重新加劇；有助於促進企業道德和提倡文明競爭；建立了最高工時和最低薪水的全國性樣板；部分的肯定了工人運動鬥爭的成果；使大部分的童工和血汗工廠消失；等等。

所以，雖然該項法令沒有發揮出開始時所期望的效用，但也不算失敗。畢竟就職幾個月來，羅斯福總統已經使整個局勢都扭轉過來了。

（三）

在新政期間，羅斯福政府的一個鮮明有力的重大舉措，就是透過多種方式實施的聯邦救濟工作。在競選時，羅斯福曾承諾絕不讓任何人挨餓，而此時各州和地方政府及私人慈善團體的財源幾乎都已耗盡，情況十分緊急，急需聯邦政府大力干預。

一九三三年三月二十一日，聯邦緊急救濟法案被提交國會，眾議院在十天後予以通過。隨即，聯邦政府直接負責幫助經濟上的受害者。

五月二十一日，羅斯福簽署了國會通過的《聯邦緊急救濟法》，依照該法成立聯邦緊急救濟署，也就是後來根據新政為失業者提供救濟和就業機會而成立的許多機構的前驅。同時指定「復興金融公司」撥款五億美元作為各個州的緊急救濟金。

五月二十二日，羅斯福任命哈利·霍普金斯出任緊急救濟署署長。辦事兢兢業業、講求時效的霍普金斯甚至等不及辦公室布置完畢，就開始簽發電報。他還自願將薪金從每年的一萬五千美元降低到八千美元，積極負責管理聯邦緊急救濟署。剛剛上任兩個小時，霍普金斯就發放了五百多萬元賑濟受害者。

霍普金斯與羅斯福一樣，討厭施捨的主張，認為這樣會摧毀人的靈魂。因此，他們主張以工代賑，讓接受救濟的人們透過勞動來獲得救濟，以保持他們的自尊心。

第十一章　「百日新政」

在這種認識的指導下，當各州單純以食品、住房、衣服、燃料等方式進行直接救濟已經明顯不足以緩解危局，而一九三三年冬季的到來又將加重事業問題時，霍普金斯相信，只有龐大的工程計畫才能解決這些問題。因此在十一月初，他就督促羅斯福總統制定一項提供救濟的大規模緊急救援計畫，以救濟廣大的失業者和失業的家庭。

十一月八日，作為臨時機構的民政工程管理局成立了，並從公共工程管理局中撥款四億美元，由霍普金斯任局長。

足智多謀的霍普金斯很快就讓四百萬失業者投入聯邦的各項工程計畫中，進行民政工程建設。民政工程的特點是簡單易行、完工快，適於大量不熟練或半熟練的失業工人，如修築鐵路、溝渠、園林、運動場等，以及改建、安裝煤氣和自來水設施等，讓許多失業者為此而走出了失業的陰霾，同時也營建了許多民政工程，如興建和擴建學校四萬所，建設機場四百六十九個，修理和建造公路二十五點五萬公里，興建和修建操場、運動場三千七百個，等等，讓四百多萬失業者從中受惠，其中甚至包括三千多名作家和藝術家。

在羅斯福的第一個百日的所有立法中，最符合他心願的一個立法機構，就是在一九三三年三月二十一日成立的民間自然資源保護隊。這個機構表明了他一生對森林和保護自然資源的濃厚興趣，同時也為了逐漸解決全國性的失業問題。

三月三十一日，國會以呼聲表決通過了這項法案。一個星期後，第一個民間自然資源保護隊營地在維吉尼亞州盧瑞附近建立起來。它吸收十八歲至二十五歲的青年，主要從事造林、森林防火、防治水患、水土保持、道路建築等方面的勞動。第一批招募了二十五萬人，由二點五萬名退伍軍人和二點五萬名有經驗的林業工人管理和指導，管區達一千四百多個，遍及全州。

這是「美國和平時期規模最大和最為迅速的動員」。這個組織先後吸收了一百五十萬名青年，開闢了七百四十多萬英畝國有林區和近二十萬英畝的國有公園，興建了大量的旅遊設施。

對此，羅斯福曾洋洋得意的宣稱：

「我對我執政時期的成就，沒有比這件事更讓我感到自豪的了。」

(四)

在新政期間，羅斯福還向國會提交了有關社會保障方面的重要法案。一九三三年四月十三日，羅斯福向國會提出房主貸款法案，以便使小住宅的抵押不會因抵押品贖回被

第十一章　「百日新政」

取消而遭受損失。

之所以提出這一法案，是因為在一九三二年就有二十五萬個家庭失去住宅。一九三三年的前幾個月，每天都有一千多所住宅被取消贖回權，大批失去房產的人流落街頭。

六月十三日，國會通過了這項法案。它對城市房主所起的作用同農場押款法對農場主所起的作用一樣重要。房主貸款公司憑藉出售債券籌集了二十億美元的周轉性借貸基金，向房主發放低息貸款，使他們能夠按期支付押金，從而使得上萬所住宅避免押金贖回權被取消的事情發生。多達五分之一的押金住宅最終由房主貸款公司重新提供了資金。

五月四日，羅斯福又提請國會通過《緊急鐵路法》。此時在美國的工業系統中，處境最糟糕的也許就是鐵路了，絕大部分鐵路完全是靠復興金融公司的貸款維持運行的。

六月十六日，國會通過該項法案，其目的在於藉助節約、加固線路和改革規章制度來建立一個協調一致的鐵路運輸系統。

五月十七日，國會又制訂了格拉斯-斯蒂格爾法。參議員卡特·格拉斯提出了該項法案。雖然它不屬於羅斯福新政的產物，但華盛頓盛行的新政氣氛給予它以巨大的推動力。在經濟繁榮時期，商業銀行成立了投資公司，靠出售證券發財，而這項法律不允許它們繼續經營這種行業，使它們無法再利用儲戶的存款進行冒險。

依照這一法案還成立了聯邦存款保險公司，以防止儲蓄存款因銀行倒閉而遭受損失。雖然羅斯福當時只是勉強的改變了自己的看法，同意成立聯邦存款保險公司，但人們卻認為，實行儲蓄保險制是羅斯福新政中極為重要的功績之一。

第一個百日很快就過去了。十五篇咨文已呈交國會，要求對全國性問題採取行動；十五項重要法案已獲得通過；羅斯福發表了十次重要談話。

雖然實施的法律大多數都存在爭議，一些法律是否符合憲法還很可疑，但毋庸置疑的是，羅斯福為美國創建了一種新的體制結構。而且，他是在設法醫治一種資本主義社會的通病，想透過護理使它恢復健康。只是因為常規療法再也不能奏效，他才採用了一些試驗性的療法。

在總統競選時，羅斯福曾指責胡佛未能使美國經濟復興是因為他在使用現有療法方面過分膽怯。他在演講時曾向全國人民許下諾言——「要進行大膽、持久的試驗」。目前，他也正在努力的履行著這一諾言。

不過，還是有一些批評者根據事後的認識對羅斯福處理經濟的做法加以挑剔。他們

第十一章　「百日新政」

認為，由於透過通貨膨脹提高國內價格的前景衝昏了他的頭腦，他在無形中加速了走向引起第二次世界大戰經濟民族主義的趨勢。但約翰·梅納德·凱恩斯認為，羅斯福總統在新政期間將價格穩定在人為的低水準是「極為正確的」，而羅斯福也不懷疑自己在「新政」實施中所發揮的作用。他聲稱：

「這是我一生中引以自豪的一件事。」

不論如何，羅斯福總統的果斷措施贏得了人民的信任。絕大多數美國人都發現，跟隨這位羅斯福總統前進就像當年跟隨狄奧多·羅斯福衝上聖胡安山一樣令人振奮。為此，美國人民與羅斯福總統也建立起了密切的關係，這種關係一直保持到他辭世。

第十二章　第二次新政

要成大事，就得既有理想，又講實際，不能走極端。

——羅斯福

第十二章　第二次新政

（一）

為了改變美國在世界人民眼中的印象，也為國內經濟改革創造出一種和諧的氣氛，羅斯福在上台伊始就積極謀求同蘇聯和拉丁美洲改善關係，這也是他承擔世界領導作用的計畫的一部分。

在新政之前，美國從未承認過在一九一七年奪取政權的蘇聯布爾什維克。但由於經濟大蕭條，保守分子逐漸改變了原來的觀點，希望能與蘇聯做生意。企業家深信，蘇聯是美國出口商品的一個龐大市場，羅斯福也意識到蘇聯的軍事實力是對侵略者及其盟國進行道義譴責的堅強後盾。因此在上台後，他也開始小心翼翼地與蘇聯人談判，並於一九三三年十一月十六日正式承認蘇聯，兩國恢復了長期中斷的外交關係。這也是羅斯福在美蘇外交關係上邁出的重要一步。

雖然忙於國內事務，但羅斯福在上任後也接待了絡繹不絕前來訪問的外國客人。他們都是為了尋求信任總統的幫助和保證的。前來訪問的包括英國正在為不列顛帝國複雜的經濟問題犯難的拉姆齊·麥克唐納首相、法國前總理愛德華·赫里歐，以及加拿大的貝尼托·墨索里尼等人。總之，一共有四十八個國家前來美國拜訪，請求羅斯福總統幫助醫治他們國家的「經濟病症」。

長期以來，羅斯福相信，美國經濟的繁榮最終還是要依靠國外正常經濟的恢復——透過包括美國在內的所有主要貿易國的共同合作，才能實現恢復。但國內的孤立主義情緒嚴重，甚至可以說，孤立主義情緒是美國最古老的傳統之一。所以，美國國會、內閣甚至羅斯福身邊顧問中的孤立派，一直都反對美國捲入國際糾紛，阻礙羅斯福各種外交政策。

在這種強烈的掣肘下，更由於國內大蕭條的深重局面急待收拾、整頓，羅斯福在第一個任期內的外交政策上基本沒有多大的自主性或可供發揮的餘地，在處理國際事務上也一直採取極其謹慎的態度，甚至在技術性的合作方面上也是小心翼翼的。

在羅斯福的新政實施後，一九三三年至一九三五年間，國民生產總值從三百九十六億美元上升到五百六十八億美元；國民收入也迅速上升；失業人數已經減少，農產品價格已經上漲，工業生產日益上升，銀行的儲戶也已不再擔心存款的安全了……

這些偉大的成果足以表明，羅斯福總統以其卓越的才能將全國人民團結在一起，贏得了人民對他的忠誠和愛戴。美國工人、農民和知識分子們都正朝著「新政」指引的方向奮勇前進。

第十二章　第二次新政

然而，大蕭條具有全面而深刻的歷史背景，第一次新政不可能在經濟復興方面起到立竿見影的效果。一九三三年秋，國內的農產品價格和工業生產再次出現回落現象，這種勢頭直到一九三四年春才克服。

而且，第一次新政也不可能給全體的美國人都帶來好處，還有許多人甚至沒有受到羅斯福的關注。他們也急切的盼望美國能夠出現一個能夠引導他們脫離苦海的救世主。而那些在第一次新政中受惠的不同階層的人們，其一度絕望的恐懼業已隨著境遇的初步好轉而消退，生活品質的改善和提高啟動了他們那已被凍結或麻痺的神經，他們不再祈求起碼的溫飽，期望值開始升高，並開始反過來對復興的不穩定狀態感到不滿。

儘管羅斯福的新政政府還依然面臨著大量的壓力和來自各方面的挑戰，但一九三四年十一月中旬的選舉結果表明，羅斯福的聲望及第一次新政的措施仍然獲得了絕大多數的人心，這讓羅斯福對自己的作為更加自信。

（一）

一九三五年，羅斯福的第二個「百日新政」又開始了。如果說一九三三年時的羅斯福是一個宣導者和建築設計師的話，那麼到了一九三五年，他已經是一名建築師了，而且業已有了一定的物質基礎。

在闡述即將取代舊的救濟制度的新計畫時，羅斯福總統宣布：

「聯邦政府必須而且應該停止再搞這種救濟活動。」

他認為，救濟是一種麻醉劑，會給人的精神造成一種不可名狀的破壞。因此，他主張制定一項政府創造就業機會的措施，認為這不僅能夠令失業者脫離貧困，還能讓他們不至於喪失「自尊心以及自力更生的精神、勇氣和決心」。

按照這一計畫，國會將撥款四十八億美元用於長期的工程計畫，以取代現有的經濟救助。聯邦政府將為三百五十萬有工作能力的人提供就業機會，其餘兩百萬不能被雇用的人將繼續由各州直接救濟。

經過兩個多月的激烈辯論，國會最終於四月八日通過了這項緊急救濟撥款法令。這項允許羅斯福按照他認為適宜的途徑開支巨額撥款的法令，也標誌著重大權力由國會向總統的轉移。

在第一次新政期間，羅斯福為挽救經濟危機採取了一系列的調節經濟的政策，將撫慰企業界的工業復興法搞成了當時的關鍵措施。然而到了一九三五年五月，美國商會召開全國大會，發言者卻大力抨擊羅斯福。他們沒有意識到這位總統的目標是拯救他們

第十二章　第二次新政

賴以生存的、且已弊端叢生的資本主義制度，而是一味盲目的攻擊羅斯福中間偏左的言論，似乎不關注他的實際行動。

企業界的表現讓羅斯福對贏得他們的支持喪失了信心，他只好改弦更張，對它發起進攻。一些旨在懲罰企業界和幫助勞動人民的法案，例如社會保險法案、全國勞工關心法案和公用事業法案等，就是他第二個新政期間立法方面的標誌。正像有的人所評價的那樣：

「在第一個新政期間，羅斯福是告訴企業界必須做什麼；而到了第二個新政期間，羅斯福要告訴企業界的是絕不能做什麼。」

在第二個新政中，除了進行以工代賑外，另一個具有重要意義的項目就是關於社會保險的立法工作——以法律的形式確認對失業者、老年人、患病者和孤苦無依者提供社會保障形式的救助。羅斯福認為，一個政府「如果對老者和病人不能給予照顧，不能為壯者提供就業機會，不能將年輕人注入到工業體系之中，聽任無保障的陰影籠罩在每個家庭，那就不是一個能夠生存下去、或是應該生存下去的政府」，社會保險應該負責一個人「從搖籃到墳墓」的整個一生。

一九三五年「新政」中的社會保險法分為三個大部分，分別為養老金制度、失業保險制度和對無依靠者提供救濟的制度。

根據法律的規定，凡是年滿六十五歲退休的薪水勞動者，根據不同的薪水水準，每個月可得十到八十五美元的養老金。對此，羅斯福解釋說：

「建立養老金制度是為了促使已到退休年齡的人放棄自己的工作，從而給年輕一代的人更多的工作機會，同時也使大家在展望老年的前景時都能有一種安全感。」

而關於失業保險，羅斯福的解釋是：

「它不僅有助於個人避免在今後被解雇時去依靠救濟，而且透過維持購買力還將緩解一下經濟困難的衝擊。」

保險金的來源，一部分由在職工人和雇主各自交付相當工人薪水百分之一的保險費，另一部分則由聯邦政府支付。

這個社會保險法反映了廣大勞動人民的強烈願望，因此也受到了美國絕大多數人的歡迎和贊許。

但是，該法案卻遭到了保守派的強烈反對。他們指責社會保險違反了美國一向珍視的「節儉精神、首創精神和自助精神」，稱所有的美國人從此都不得不忍辱在自己的脖子上掛上一個印著社會保險號碼的銅牌，就像掛塊狗牌一樣。他們還指責說，推行社會保險法案就等於將節衣縮食的彼得的錢搶過來，送給不懂積蓄的保羅。紐澤西州參議員哈里·莫爾甚至刻薄的指責說：

「我們也可以從育嬰堂抱來一個孩子，然後給他雇一個保姆，讓他不必嘗受生活的艱辛。」

在國會期間，關於這一社會保險法的爭論也相當激烈，共和黨堅決認為這是鼓勵懶漢的行為，絕不能通過。但最終表決時，眾議院以三百七十二對三十三、參議院以七十六對六的票數獲得通過。

(三)

在第二次新政期間，勞工關係一直都是羅斯福特別關注的領域。他很清楚，如果得不到有組織的勞工的支援，社會動盪的局面就無法控制，更談不上實施私人投資計畫了；而且在支援他的選民當中，有組織的勞工是非常有力的集團。

在第一次新政實施期間，《全國工業復興法》被最高法院宣布違憲，連帶導致該法中有關勞工權利的規定也失去了法律效力。這對羅斯福鼓吹的「社會改革」和「勞資合作」無疑是個打擊。許多大企業家度過危急時刻後，也都紛紛從支持新政變為反對新政，右翼報刊更是大加鼓噪。因此，在羅斯福的強烈要求下，在工會的大力支持下，國會很快也採取了行動。

在《全國工會復興法》被取消不到四十天，一九三五年五月，參議院批准了國會參議員羅伯特·瓦格納於十年前提出的《全國勞工關係法》（也稱《瓦格納法》）。七月五日，該法簽署生效。

該法令規定：禁止雇主干預或圖謀控制勞工組織，工人有組織工會的權利，雇主不得拒絕與工人集體談判合同，不得禁止工人罷工，不得歧視工會會員；成立全國勞工關係局，處理勞工對雇主的申訴。

《瓦格納法》通常被認為是六年多的「新政」期間最為激進的立法革新之一。它傾向於用政府的力量支持勞工的集體談判權和組建工會權，並放棄了從前那種讓壟斷資本自行其是的不限制政策，逐漸擺脫了與壟斷資本的夥伴關係，限制了各個壟斷集團的過分剝削和壓迫行為，在一定程度上改善了勞工的經濟、政治處境，這也是為了達到「磨損勞工運動的激進鋒芒，並將其納入民主黨改良政策的軌道，使美國的現行社會制度得以在新的基礎上繼續運行」的長遠目的。

六月十九日，羅斯福又向國會提交了一項激進的稅制咨文，目的是重新分配財富和權力。這一「直接掏富人腰包」的提案自然是遭到了企業界、保守派議員的激烈反對。費城《問詢者報》甚至指責羅斯福是在「玩弄明目張膽的政治安撫」；保守派議員則指責這一提案等於在歧視有產者而實施有利於平民的階級立法。

但在激烈的鬥爭中，最終參議院進步首領拉福萊特以大膽的行動表達了對總統的支援，這才扭轉了局勢。

八月底，稅收法中又取消了遺產稅，並將累進的公司所得稅減少到僅有象徵意義的程度。但它提高了房地產稅、贈與稅和財產稅，對利潤超過百分之十五的企業還要徵收超額利潤稅，對五萬元以上的個人所得稅徵收附加稅。

該法案同樣激起了企業界以及高收入階層的強烈不滿，但羅斯福認為，重新分配財富是當今世界的新思想。而要在美國同共產主義作鬥爭，就必須要注意這個新思想。

八月二十三日，由羅斯福任命的聯邦儲備委員會主席埃克爾斯起草、經參議院保守派卡特·格拉斯修改的《銀行法》獲得通過。該法案雖然使「聯邦存款保險公司」所保險的金額有所下降，但該公司的監督權力卻大有擴展；它授權總統任命聯邦系統新設的董事會七名成員對地區銀行進行更為直接的管理，董事會有權對儲備銀行的再貼現率和必需的儲備進行更大限度的管理。它將各家銀行的信貸政策移交給「聯邦公開市場委員會」，這樣就將公開市場經營活動的管理權轉移到政府手中。

從長遠的利益來看，該委員會購銷公債券的權利將成為控制貨幣的主要工具，它要求各大州的銀行須在一九四二年七月以前加入聯邦儲備系統。這樣一來，羅斯福就擴大了聯邦政府管理貨幣和信貸的權力。

(四)

到一九三五年八月二十七日，羅斯福實施的第二個「百日新政」結束了，國會還通過了其他的一些立法，比如通過的格非斯奈德煤炭保護法，其實是重申了被裁決違憲的舊煙煤法規的規定；修改了田納西河流域管理局條例和農業調整法；制定了新的農場抵押法和鐵路職工退休法；通過了黃金條款和聯邦登記法；將州際公共汽車和貨車置於州際商務委員會的管轄之下；削弱了銀行家對鐵路調整的控制法規；批准了由州際商務委員會管理運價並調節勞工關係的航空郵遞閥；制定了聯邦酒精飲料法和中央統計法；等等。

羅斯福的兩次新政幾乎涉及到美國政治、經濟生活的方方面面。它不是那種以新質去取代原有結構的革命，而是一種旨在讓這個結構免遭來自內部的耗損和毒害、適應飛

第十二章　第二次新政

速變化的時代要求，並使其長久的良性運行下去的社會改良。

羅斯福曾經聲明，他正在尋求一種恢復眾所周知的、早經確立的，而在某種程度上被損害和遺忘了的美國的理想和價值觀念。為此，他多次向國會和人民表示，他這個「新政大夫」所實施的手術將極力避免或根本不會引起震盪、災難和脫節，新質的培植和確立將平和地內化為這個結構的有機組成部分。「和諧的原則以及必要性本身都要求新的建築結構必須同原有的基本線條融於一體，正是這種新舊的相互結合，才標誌著國家和平的前進」。

以下所摘錄的是出自羅斯福本人對於其所實施的新政的原話，對於我們深入和完整的了解新政具有一定的幫助：

「我們運用實事求是的原則，一起來渡過難關。」

「民主政府就其本質來說，能夠幫助人民抵禦過去被認為是不可避免的災害，能夠解決過去被認為是解決不了的問題，這是一條真理。」

「我們尋求的是經濟制度中的平衡；要對過去限制和妨礙了機會均等的許多其他弊端進行建設性的改革。」

「我一直認為，我們近來所經歷的大部分困難，是在政治上未能掌握這種經濟上互相依賴的事實的直接結果。」

……

以上幾點都充分的說明了羅斯福新政的總的指導原則。在這些大前提的指導之下，我們也能更好的理解羅斯福新政的那些具有重要意義的有效舉措：社會救濟與福利制度說明政府對全體公民的福利負有一種終極的責任；以工代賑和經濟復興是為了讓美國人民的道德和精神氣質不被懈怠的麻醉劑所損害；面對日漸複雜的社會形勢，總統權力與政府職責必須要加強，因此需要賦予政府充滿活力的個性；為拯救銀行和保險公司、抵押公司及鐵路，為照顧千萬瀕於饑餓邊緣的人民，政府可以採取財政赤字與通貨膨脹的方式來解決難題；……

在羅斯福的多次演說中，他都在向廣大聽眾反覆強調，並提醒大家記取這樣一個事實：一九三二年災難性的經濟大蕭條與經過幾年新政後的景觀——兩者之間對比之鮮明已經無法同日而語，甚至連「崩潰前的那個黃粱美夢般的繁榮的狂歡時代」也不能與一九三五年後的社會形勢相提並論。

「從一九二九年到一九三三年，這個國家螺旋式地向下滑——不斷地向下——一直滑到一九三三年三月三日，整個文明結構完全陷於停頓。這是美國歷史上災難深重、令人觸景生情的四年……在這四年結束時，我們的國家及時採取了行動，扭過頭來又開始走向上升的道路。」

一九三六年，羅斯福在收集政府各個機構詳細列表上報的成績中發現，結果毫無例外的表明，新政在促進經濟復興、市場繁榮、銀行信用堅挺、人民生活水準和環境保護有所好轉等諸多方面都發揮了重大作用。

總之，新政在擺脫經濟蕭條方面所取得的成績和進步是有目共睹且顯而易見的。羅斯福在芝加哥曾更加坦率的向眾多選民指出，正是新政挽救了被拖到毀滅性邊緣的私人利潤和自由企業制度。

雖然新政不能永遠的治癒經濟危機這個與資本主義制度相伴而行的痼疾，但經過羅斯福的新政，「過去曾使我們的經濟生活產生的一連串不正常的繁榮與災難性的衰退相互交替的現象，現在聯邦政府比以前任何時候都能夠更好地加以防止」。

這就是所謂「新政的遺產」中最大的一筆遺產。

第十三章　連任美國總統

一個真正偉大、驕傲而勇敢的民族寧可面對戰爭的任何困難，也不願在犧牲其民族尊嚴的情況下換得卑賤的繁榮。

——羅斯福

第十三章　連任美國總統

（一）

就在國內對新政的讚譽與批評聲中，四年一度的總統大選又到了。

一九三六年一月三日，羅斯福以發表國情咨文的形式開始了競選連任的活動。為了得到最大限度的宣傳，他在國會的一次晚間聯席會議上發表了國情咨文。這是自一九一七年四月以來的第一次——伍德羅．威爾森當時曾在國會晚間聯席會議上要求對德宣戰。現在，羅斯福也宣布即將進入戰鬥狀態，只是不是對付外敵，而是對付本國「勢力雄厚的一小撮人」和「聲譽掃地的特殊利益集團」。他宣布：

「我們已經引起了戰爭，我們已經招致盤根錯節的貪婪勢力的憎恨。」

不過，羅斯福在發表這番挑戰性的言論時，並沒有要求進一步實施改革，他極力避免引起人們的不滿，強調決心削減撥款以實現預算平衡。

羅斯福曾對莫里說：

「在這場競選中，一個重大的問題就在於如何看待我本人，美國人民要麼支持我，要麼反對我。」

跟往常一樣，羅斯福深切的希望自己能夠投身到此次總統競選當中去，但一九三六年和以往不同，在四分之一世紀的政治生涯中，他將第一次失去路易士．豪的幫助。

從進入白宮之日起，路易士·豪的健康情況便日益惡化。到一九三五年年初，他基本都只能待在他那個充溢著香氣和煙味的房間裡。他眼窩凹陷，呼吸日漸困難。由於通宵達旦不停的咳嗽，他心力衰竭很嚴重。在一九三六年四月十八日逝世前不久的一天，路易士·豪憂心忡忡的與幫他讀信讀報的青年約翰·凱勒談到了秋天的總統競選，稱自己是多麼希望能夠參加競選活動。凱勒要他放心，寬慰他說：

「您一定會去參加的。沒有您，他們無法開展競選活動。」

「不，我真不會去的，」路易士·豪回答說，「富蘭克林現在已經能夠自立了。」

的確，此時的羅斯福已經相當成熟老練了，他始終都保持著一種超黨派的姿態，甚至當共和黨的對手發起主動進攻時，他都採取一種超越這場競選之爭的策略。

同以往一樣，羅斯福避免在對手安排好的戰場上戰鬥，並以高難度的政治技巧避免了內部派系之間的爭鬥所可能招致的災難。隨後，他會選擇一種快速而敏捷的機會，給予對手乾淨俐落的回擊。伯恩斯將羅斯福所運用的這種政治魔術稱為「奇妙的羅斯福風格」。

一九三六年的這次總統選舉，被稱為是美國歷史上少有的一次「關鍵性」選舉，選舉投票的格局發生了很大的變化。因為新政令「少數民族、城市居民、天主教堂、小企

第十三章　連任美國總統

業主、農民、黑人都與『新政民主黨』打成了一片」，「工業家體制」讓位給了「新政體制」，後者以北部大城市群眾為堅實的基礎，還受到絕大多數進步派人士的支持。為此，民主黨的競選力量在此後的三十年中都處於決定性的優勢。

羅斯福此次是希望赫伯特·胡佛繼續成為他的競選對手，因為這樣選民們就會有一個明確的選擇物件。然而，共和黨人卻在六月初選出了堪薩斯州州長艾爾弗雷德·蘭登為總統候選人。

蘭登是中西部人，缺乏個人魅力。但共和黨希望他能夠對農民產生感召力，能夠調動保守派日漸增長的反對羅斯福的情緒。共和黨的領袖們認為，只要選民們對羅斯福始終笑容可掬的模樣和明顯的狡黠態度感到厭煩，蘭登那顯得呆板乏味、平淡無奇的競選演說就會成為可貴之處。

兩週後，在費城召開的民主黨代表大會上，羅斯福和加納被全體代表經口頭表決再次提名為總統和副總統候選人。六月二十七日晚上，羅斯福前往富蘭克林運動場發表了接受總統候選人的提名演說。

當時天正下著小雨，羅斯福由兒子詹姆斯攙扶著，拖著僵直的腿，步履蹣跚的從聚集在講台後面的人群中擠過。他伸出手臂，想同老詩人愛德溫·馬卡姆握握手，可是被人群一擠，身體失去了平衡，導致右腿的支架突然鬆了。羅斯福一個踉蹌，手中的發言稿散落在人群中。

周圍的人發出了低聲的驚叫，幾乎引起恐慌。特工人員眼疾手快，一把扶住了羅斯福，其他人則急忙把他的支架重新安裝好。

羅斯福臉色蒼白，渾身顫抖，急促的喊道：

「快把我的身上弄乾淨！快把發言稿撿起來！」

一切恢復正常後，他才繼續朝著演講台走去。這時，他看到老詩人馬卡姆掛著淚珠的臉時，又止住腳步，同這位老人握了握手。

（二）

在富蘭克林運動場上，羅斯福受到了十萬名群眾的熱烈歡呼。他講了幾句客套話之後，隨即便為即將到來的總統競選定下基調，痛斥「經濟守舊派」和「享有特權的親王們」給美國的經濟、民主等構成的威脅。羅斯福說：

經濟秩序的守舊派承認政治自由是政府的事情，但他們堅決認為，經濟奴役誰也干涉不了。他們承認政府能夠採取一切措施保護公民的投票權，但卻不承認政府能夠採取

第十三章　連任美國總統

一切措施保護公民工作和生活的權利……這些經濟守舊派抱怨我們想推行美國的制度，他們其實抱怨的是我們想剝奪他們的不合法權利。

政府可能會犯錯誤，總統的確也會犯錯誤，但是，流芳百世的但丁告訴我們，神聖的司法會以不同的天平來衡量冷酷的人的罪孽和熱心腸的人的過失。一個慈悲為懷的政府縱使偶然失誤，也比一個對人民疾苦不聞不問的政府長期什麼事都不做要好……人間的世事也有循環往復，對於有些時代的人，可謂得天獨厚；對於另一些時代的人，則會寄予厚望。而我們這一代的美國人，最應該做的就是應運而起。

在競選期間，無論走到哪裡，羅斯福都會受到人們的歡迎。在芝加哥，大約有十五萬群眾臨時自發的組成了歡迎隊伍，把羅斯福從火車站一直送到運動場；在波士頓，市議會大廳被擁擠的人群擠得水洩不通，就連附近的街巷裡都是人山人海；在紐約，曼哈頓區幾乎萬人空巷，人們都紛紛湧到大街上來歡迎羅斯福總統；在俄亥俄州和愛荷華州，甚至在艾爾弗雷德·蘭登任州長的堪薩斯州，羅斯福所到之處都無不受到群眾的熱烈歡迎。

群眾都紛紛伸出手臂同羅斯福握手，向他招手歡呼。在這些群眾中，有的是為感謝總統幫他們拯救了一座農場或住宅，有的是為感謝總統讓一座工廠重新開工，還有的是為感謝總統成立了工程興辦局，說明自己重新找到了就業就會。

甚至有人說，就連老天爺都願意站在羅斯福一邊，因為就在他到田地龜裂的中西部旱區宣揚演說時，天上竟然下起了雨。

無論到哪裡，羅斯福都對蘭登置之不理，絕口不提蘭登的名字，而是仍然猛烈指責赫伯特·胡佛和自由聯盟的「經濟守舊派」，稱他們是新政的敵人，因此也是人民的敵人。他經常向群眾講的一句話就是：

「你們看上去比四年前愉快多啦！」

十月三十一日晚，羅斯福在麥迪森廣場花園發表了一次激昂慷慨的演說，隨後便結束了他的競選活動。他的此次談話自然也令聽眾一次又一次的站起來鼓掌歡呼。他說：

……如果沒有經過鬥爭，我們就不能達到今天的這一步。而且我敢肯定，沒有鬥爭也就別想再向前邁進一步。

在十二年漫長的時間中，我們的國家曾被一個充耳不聞、視而不見、無所事事的政府折磨著。全國人民眼巴巴的看著政府，可政府卻轉過臉去，毫不理會。九年受金錢愚弄，三年遭遇禍患！九年發瘋般廝守在行情自動顯示器旁，三年在領取救濟的隊伍中苦

第十三章　連任美國總統

挨日月！九年愚蠢的想入非非，三年灰心絕望！朋友，在今天，仍然有許多某些強大的勢力企圖恢復那樣的政府。他們的理論是：對一切都漠不關心的政府是最好的政府。

在大約四年的時間裡，我們的政府不是遊手好閒、終日無所事事，而是捲起袖子做事。在這裡，我可以向那麼保障：我們還將繼續做下去！

在演說中，羅斯福越說越激動。他指出，他的「宿敵」就是「企業界和金融界壟斷集團、投機倒把的奸商、魯莽的銀行老闆、階級對立主義、地方宗教主義以及靠戰爭謀取暴利的投機商」。他還稱，這些勢力長期以來一直將美國政府看成他們的封地。而且，這幾股勢力如今已經緊緊的抱成一團，反對一位總統候選人。這在美國歷史上還是第一次。

「我想說，」羅斯福進一步指出，「在我領導的首屆政府執政期間，這些自私自利、權慾薰心的勢力遭遇到了一個勢均力敵的對手。」

群眾們都紛紛站起來，整個公園頓時響起了暴風雨一般的掌聲和歡呼聲。

「我還想說——」

羅斯福剛開口，便又響起了一片歡呼聲和鈴鐺號角聲，他的聲音被淹沒。

「請靜一靜！」羅斯福高聲喊道，「我還想說：到我領導第二屆政府的時候，這些勢力將會遇到強手，他們也會嘗到我的厲害！」

（三）

競選演說結束後，羅斯福同親屬和朋友們回到海德公園。十一月三日，總統競選開始，羅斯福靜靜的在海德公園等待選舉結果報告，沒有到紐約市民主黨總部去。

羅斯福對這次競選連任非常樂觀，他全神貫注的計算著一幅大圖表上的數目字，定時透過專線電話同民主黨總部聯繫。這時，羅斯福的手下向他報告說，他以一萬五千票的優勢在共和黨盤據的紐哈芬穩操勝券，羅斯福有些不信，又派人重新核實，結果確乎如此。

羅斯福神情輕鬆的仰靠在椅背上，朝著天花板吐出了一個煙圈，興奮的喊道：

「哦，好極啦！」

最終按選舉人票計算，羅斯福和蘭登是五百二十三票對八票。羅斯福贏得了四十六個州的兩千七百七十五萬張選票，比共和黨的艾爾弗雷德．蘭登多出了一千一百零七萬張，獲得了除緬因州和佛蒙特州兩州意以外的全部選舉人票。這不僅是美國政黨史上空前的大勝利，也是共和黨自傑佛遜總統以來敗得最慘的一次。

第十三章　連任美國總統

在國會兩院，民主黨也掌握了絕對的優勢：兩黨在眾議院裡是三百三十一比八十九席，在參議院是七十六比十六席。羅斯福也成為自門羅總統以來一百一十四年中接連兩屆由本黨控制國會兩院的第一位美國總統。

自從一九三二年羅斯福參加總統大選以來，有五百萬共和黨選民轉而擁護了「新政民主黨」。賓夕法尼亞州、德拉瓦州、康乃狄克州等，這些牢不可破的共和黨州，自從一八四六年布坎南獲勝以來，首次轉向了民主黨。可以說，羅斯福幾乎贏得了二十五萬人口以上的每一個大中城市的支持。

選舉結束後不久，喬治·克里爾在《柯里爾》雜誌上發表的一篇文章中稱：「絕大多數人民的呼聲代表了全國的呼聲。羅斯福總統認為，這種呼聲所表明和強烈要求的是全國人民的意願。」

羅斯福之所以能夠以如此巨大的優勢獲勝，與他個人的人格魅力以及他身邊人的良好表現是分不開的。羅斯福出身於貴族家庭，但他卻成功的贏得了普通百姓的愛戴；他的雙腿殘疾，標誌著他不畏挫折和肉體痛苦的堅毅精神。而羅斯福周圍的人也加深了人們對他的印象——總統是一個和藹可親、容易與人相處的人。人們普遍的感到這屆政府富有民主精神和深切的同情心。

一九三七年一月二十日，同樣是一個寒風凜冽、陰雨霾霾的天氣，羅斯福在四年前宣誓就職的老地方再次宣誓就任美國總統。面對首席大法官休斯，羅斯福舉手佇立，跟隨休斯重複著誓詞。

隨後，羅斯福總統發表了就職演說。與以往不同的是，羅斯福不再歷數過去四年新政中的種種業績，而是從更高的角度，以更長遠和更具歷史感的眼光來將新政思想與人類精神的永恆進取聯繫起來。

羅斯福說：

在四年前，我們在這裡集會，舉行總統就職典禮時，我們的共和國正處於憂心如焚的時期，但我們在精神上卻是毫不動搖的。我們獻身於實現一個理想——使每個人都享有謀求幸福所必需的安寧和和平的時代早早到來。我們這些共和國的公民曾經作過保證：要不厭倦的、無所畏懼的努力結束當時停滯不前、悲觀絕望的狀態。緊迫的事情需要馬上處理，我們也是從最緊迫的事情做起的。

而同時，我們也本能的看到了一種更加深刻的需要——透過政府找到實現我們共同目標的一種工具，以便為個人解決在這個複雜的文明社會中不斷產生的問題。我們已經企圖在沒有政府支援的情況下找到解決的方法，結果是一籌莫展。因為，沒有政府的支

第十三章　連任美國總統

援，我們就不能讓科學的作用在道義上受到控制。要讓科學成為有益於人類的公僕，而不是無情的主宰，這種控制就必不可少。我們知道，要做到這一點，就必須找到有效的方法來控制盲目的經濟力量和盲目自私自利的人們。

接著，羅斯福又指出，美國的基本民主體制和人民的安全保障不是靠取消政府的權力，而是靠將這種權力委託給人民可以透過誠實而自由的選舉制度定期決定去留的人。

此外，羅斯福的就職演說還表明，他將進一步實行更為激進的改革，挑戰美國的民主制度。

我知道，我國有幾千萬公民——占全國人口相當大的一部分——現在仍然未能得到按今天的最低標準所要求的大部分生活必需品。

我知道，在城市和農村中，還有數百萬人仍然在上流社會早在半個世紀前就認為不適於生活的條件下生活著。

我知道，數以百萬的家庭還在依靠極其微薄的收入勉強維持生活，而災難的陰影時刻都籠罩著他們的全家。

我知道，千百萬的人被剝奪了受教育、娛樂和改善他們自己和孩子們命運的機會。

我知道，千百萬的人們無力購買工農業產品，並且由於自己的貧困失去了為其他千百萬人們工作和生產的機會。

我知道，全國仍有三分之一的人居住簡陋、衣衫襤褸、營養不良。

……

不過，我向大家描繪的這個情景並不是由於灰心喪氣，我是在滿懷希望的描繪——因為我們既然看到並了解到了這種不合理的現象，我們就要把它們消滅掉……

值此再度宣誓擔任美國總統之際，我將再次承擔起領導美國人民沿著他們所選擇的道路前進的莊嚴任務……

在發表第二次就職演說時，羅斯福沒有提到他的任何具體改革措施，而是不斷督促美國人民「堅持要求民選政府的每個部門都用有效的手段來執行他們的意願」。

再次入住白宮的羅斯福總統一如既往，保持並發展了自己四年以前進入白宮後所帶來的全新風格，再一次目標堅定、剛毅果敢的實施起他的新的改革措施……

第十三章　連任美國總統

第十四章　風雲變幻中的美國總統

我們必須成為民主制度的偉大兵工廠。對我們來講，這是同戰爭本身一樣嚴重的緊急狀況。我們必須以同樣的決心、同樣的緊迫感、同樣的愛國主義和犧牲精神來致力於我們的任務，就好像我們處在戰爭中表現的那樣。

——羅斯福

第十四章　風雲變幻中的美國總統

（一）

就在羅斯福擔任美國總統的第一屆和第二屆期間，世界局勢已經發生了巨大的變化，德國、日本這兩個戰爭策源地已經形成，戰爭風雲正在從大西洋和太平洋刮過來，這讓一向奉行「孤立主義」的美國開始有了危機感。

一九三五年三月，納粹德國不顧多方反對，公然恢復普遍義務兵役制，在和平時期建立了擁有三十六個師、約五十萬人的正規軍。希特勒政府更是正式宣布，德國在軍備方面將不再受《凡爾賽條約》的約束。對此，英法政府只能在形式上表示抗議和遺憾。

同年四月，日本法西斯緊鑼密鼓的製造了旨在侵吞中國華北五省的「華北事變」；十月三日，義大利法西斯不宣而戰，大舉入侵衣索比亞。

歐洲動盪的局勢令美國國內的孤立主義者產生了一種緊迫感，他們希望政府馬上制定一項中立法案，或者採取一切可能的預防措施，避免美國捲入戰爭當中。

議員們隨即向國會提交了一系列的議案，主張美國應嚴守中立。羅斯福起初試圖將決定中立的問題從外交委員會那裡奪回來，以防國會通過一項無區別對待的嚴守中立法案，但這一舉動引起了外交委員會委員們的強烈抗議。

然而，全國上下都十分擔心日趨惡化的世界局勢會演變成另一次世界大戰，因此要求制定中立法案的壓力也日漸增大。這種形勢迫使國會領導人意識到，國會已經不能再對此置若罔聞了。

羅斯福自然是希望獲得總統靈活應對的外交許可權，以懲罰義大利，並向德國和日本兩國示威，表示美國將同其他民主國家一道反對任何地區的侵略。但他深知，國會和美國人民絕不會同意他在對外問題上採取這樣大膽的行為。如果他堅持自己的主張，試圖在國際舞台上有所作為的話，就會影響一九三五年夏季即將進行的第二次「百日新政」期間他正在設法令國會通過的部分立法計畫。

八月二十日，以參議員伯恩、克拉克、范登堡等人為首的孤立主義者開始阻撓國會通過任何法案。次日，參議院在僅僅經過二十五分鐘的討論，就通過了一項由皮特曼提出的妥協法案。法案規定，對一切交戰國實施武器、彈藥和軍需品的強制性禁運，但授權總統確定哪些屬於軍需品以及何時實施禁運；禁止美國船隻向交戰國運送軍火；授權總統不保護乘坐交戰國輪船旅行的美國人；規定建立一個軍火管理委員會，監督從美國運出的武器。

八月三十一日，羅斯福總統簽署了這一法案。

其實，這項中立法案是一項各方都不滿意的決議。它主要是用來在國會休會期間約束總統，與禁酒令差不多，是一種「動機高尚」、但後果極壞的試驗。

一九三六年，國會又將該法案延長一年，同時還增加了禁止給交戰國貸款的規定，對新加入戰爭行列的國家，總統不能行使自主處置權，而應執行強制性武器禁運。

一九三六年二月，德國以保護日爾曼人為藉口入侵奧地利。在隨後的慕尼克會議上，英法兩國縱容德國侵略捷克斯洛伐克。於是，德國以侵吞奧地利同樣的理由出兵侵占了捷克斯洛伐克。德國法西斯的戰爭實力進一步加強。

悲憤的目睹了大不列顛正「不能自制、無所作為的沿著通往黑暗深淵的階梯走下去」的邱吉爾對世人警告說：

「不要認為到此完結了，這不過是算總帳的開始，僅僅是嘗到第一口苦酒的滋味罷了。」

同年七月，西班牙內戰爆發，羅斯福政府於八月七日發表不干涉西班牙的聲明。之所以如此，是因為羅斯福接受了英法兩國的觀點，認為只有嚴格不干涉，才有可能使西班牙戰爭局部化，從而避免一場可怕的世界大戰再次爆發。為此，羅斯福主動向國會提議修改中立法，將武器禁運擴大到適用於發生內戰的國家。國會於一九三七年一月正式通過補充了中立法，對西班牙內戰雙方實行武器禁運。

（二）

美國孤立情緒強烈的國會，唯恐總統羅斯福領導的行政當局成為一匹脫韁的野馬，因此它制定了一個比一個嚴厲的中立法，以勒緊韁繩。一九三七年，中立法又規定了不允許美國船隻航行的交戰區，不准武裝美國商船，對交戰國實行非軍火貿易和現購自運原則。這一系列的中立法表明了美國輿論的和平主義情緒。

很明顯，美國的孤立主義鼓勵了獨裁者，但由於地處歐洲的法國和英國採取了綏靖政策，沒有作出一些積極的表示，因此很難指望羅斯福會單方面行動。一九三八年時，他曾試圖取消武器禁運規定，因為這一規定對忠於西班牙共和國政府者的危害遠大於對叛亂分子的危害。但國會領導人告誡羅斯福，這將意味著他會「失去所有天主教徒的選票」。

修改中立法，廢除武器禁運規定，是珍珠港事件爆發前羅斯福與國會孤立派鬥爭的主要方面。在慕尼克危機時期，民意測驗表明，有百分之九十五的美國人反對美國捲入戰爭。其實在很大程度上，民意測驗都是不同利益集團用以影響和製造輿論的一種手段。但在羅斯福的整個外交活動中，他始終都將民意測驗，也就是輿論動向，當成他作出重大決策的依據。這種情況在一九三七年以後尤其明顯。

第十四章　風雲變幻中的美國總統

一九三七年十二月十二日，美國炮艦「帕萊號」在中國南京江面被日軍飛機炸沉，導致三十二人死傷。羅斯福和國務卿赫爾對此非常憤怒，要求日本政府對此事故進行道歉和賠償。然而，孤立派和平主義者則深恐此事導致日美兩國對抗，因此要求從中國撤回美國軍艦，以免引起新的事端。國內的民意測驗也表明，百分之七十的人擔心兩國發生爭端。

早在二十年前羅斯福擔任美國海軍助理部長時，他就擔心兩洋作戰的危險。此時，他更加為自己的主張找到了合適的依據。因此在一九三八年一月二十八日，羅斯福向國會遞交了要求撥款十億美元擴充海軍軍備的咨文，提請美國必須為兩洋作戰做好準備，建立兩洋標準海軍，即建立相當於德、意、日三國海軍力量總和的兩洋艦隊。

經過長期的激烈爭論，國會最終通過了《文森海軍擴軍法》，基本滿足羅斯福的要求。

一九三八年十月二十六日，羅斯福發表了《先驅——論壇》座談會的廣播談話，他譴責納粹德國「蓄意將千百萬受迫害而毫無辦法的人驅趕到世界各地，任其流浪乃至無立錐之地，蓄意將此舉當做國家政策的手段」。因此他強調，如果沒有普遍的裁軍，美國自己也必須繼續擴充武裝。

十一月十四日，羅斯福重申希望有一支擁有一萬架飛機的空軍和一年再生產兩萬架飛機的能力，這樣才能在數量上壓過德國和義大利。

同時，羅斯福還祕密向英法提供軍火。然而在一九三九年，一架美國新式轟炸機在試飛中墜毀，在飛機殘骸中發現了一名法國飛行員的屍體。這一意外事故洩露了美國向英法出售武器裝備的內情，在國會中引起軒然大波，羅斯福被各方紛紛譴責。

一九三九年一月四日，羅斯福在致國會的咨文中鄭重警告說，迄今為止，對國際上不法行為的忽視已給一些民主國家帶來了嚴重的災難，民主國家不能總是容忍對姐妹國家的侵略行徑而不提出有效的抗議，美國不能只是袖手旁觀。他說：

「……至少，我們能夠而且應該避免因採取任何行動而導致慫恿、幫助或扶持一個侵略者，同時也要避免因不採取任何行動而造成的同樣惡果。……我們的中立法執行起來很難做到不偏不倚、公正合理，而這在實際上是援助了侵略者……我們的自衛本能提醒我們：這類事情再也不能發生了。」

羅斯福要求國會召開特別會議，討論修改中立法，並多次請兩黨領袖到白宮協商。但國會中的共和黨與民主黨的保守派卻結成了聯盟，孤立主義者更是迫使外交委員會於一月十九日暫停對中立法法案和西班牙禁運法案的審議。

一九三九年四月，已從戰略中完成對波蘭正面包圍的德國，一反以往的溫和態度，咄咄逼人的要占領「波蘭走廊」和丹澤市。波蘭政府毫不退讓，宣布局部動員，並調動軍隊向丹澤市集結。至此，德波矛盾加劇。此時，歐洲各條國界上都集結著軍隊，大戰一觸即發。

（三）

在國際局勢日漸緊張的情況下，羅斯福向希特勒和墨索里尼發出了公開信，並於一九三九年四月十五日向全世界廣播，稱世界各國人民目前正處於日夜擔心戰爭爆發的恐懼之中，任何一場大戰在其進程中都會嚴重的影響美國人民及其子孫後代。

在印證了一些有關德意企圖進一步侵略他國獨立的報告材料後，羅斯福問道：「你們是否願意作出保證，聲明你們的武裝部隊至少在十年內不進攻和入侵三十一個國家的領土和屬地？」

希特勒儘管聲稱不想對「美國總統這樣一個不足掛齒的人物發出電報」進行作答，但羅斯福的呼籲在全世界各地造成的影響迫使他不得不給出答覆。

四月二十八日晚，希特勒在帝國會議上發表演說，以極其煽動性的語言和狡黠的邏輯論證了對羅斯福公開信的駁斥，從而將會場氣氛推向癲狂的戲劇性高潮。他聲稱：根據調查表明，沒有任何一個國家感覺自己正在受到德國的威脅，更沒有一個國家曾經請求美國總統為自己謀求和平保證。

這篇充斥著嘲諷、挖苦、虛偽和誇誇其談的演講立即轟動一時，納粹的報紙也展開了對羅斯福的盡情嘲笑和辱罵。

美國的孤立主義者對希特勒的演講非常滿意，甚至有人幸災樂禍的宣稱：

「……我早已得出結論，絕不會發生什麼戰爭的……羅斯福向為一些微不足道的小事戰鬥。他想搞垮歐洲的兩個獨裁者，以便在美洲牢固的樹立起一個新的獨裁者。」

一九三九年九月一日，德國入侵波蘭。九月三日，英國對德宣戰。第二次世界大戰不依孤立派的意志而爆發了。

隨後，羅斯福發表了廣播談話，他說：

「任何人都不要不假思索的或言不由衷的談論美國派兵去歐洲戰場……我們努力不讓戰爭蔓延到我們的家園，不讓戰爭擴大到美洲。我這方面，我們有歷史先例，可以追溯到喬治·華盛頓當政的時候。……我們依然是一個中立國，但是，我不能要求每一個美國人也都要在思想上保持中立……我希望合眾國置身於這次戰爭之外，我相信，合眾國是會置身於這次戰爭之外的；我相信，合眾國將如願以償。我可以向你們保證，你們的政府所作出的一切努力也都將以此為目的。」

同時，羅斯福還進一步指出：

「我們的安全現在和將來都是同西半球及其鄰近海域的安全聯繫在一起的。我們不得不認識到，空中傳來的每一句話，大洋中航行的每一條船，正在進行的每一場戰役，都將會影響美國的未來。……而美國的力量，應該始終運用於為人類爭取最終的和平。總有一天，雖然那可能是遙遠的一天，我們可能會為受到創傷的人類提供更大的幫助。」

九月七日，羅斯福宣布全國進入「有限緊急狀態」，並進行擴軍：陸軍增加了一點七萬人，國民警衛隊增加了三點五萬人，海軍增加了六萬人。

戰爭爆發後，國會對修改中立法的情緒開始變化，甚至有撤銷武器禁運的考慮。因為有報告顯示，如果中立法不修改，盟國勢必會迅速失敗，屆時美國將在美洲同希特勒較量。於是，羅斯福在通盤考慮整個世界局勢之後，請求國會召開會議，取消武器禁運的規定。

九月二十一日，國會特別會議召開，羅斯福在致詞中稱，為了避免捲入戰爭，美國多年來都是根據所謂的「禁運和不交往法」行動的。然而事實表明，這一政策是一場災難性的失敗，它使美國接近毀滅。

此時，羅斯福也拋開了那些冠冕堂皇的辭令，接觸到了問題的核心：援助英國就是援助自己。他表示，將軍用物資運過大西洋，就能夠為美國提供成千上萬的就業機會，而且對美國的國防建設也有利。

經過激烈的辯論，國會於十一月二日最終同意廢除武器禁運條款，但仍保留「現購自運」的規定。

一九三九年十一月四日，羅斯福簽署了新的中立法，現在盟國可以從美國購買他們所需要的任何東西，包括火炮、飛機和坦克，唯一的條件就是他們必須用現金支付，而且要用自己的船隻運走這些補給品。

中立法的修改，是對希特勒的一次嚴重警告。事實上，羅斯福從一開始就對德國法西斯保持著清醒的認識，並為之實施了種種防範措施。

在十月十一日，羅斯福就任命了一批專家，其中包括經濟學家亞歷山大．薩克斯。他是一位愛好物理學的非軍事人員，又是著名科學家愛因斯坦的朋友。透過他，羅斯福獲悉德國在核分裂方面取得了新的進展。當他得知核分裂所產生的巨大爆炸威力是當前所知道的一切東西的幾百萬倍時，他迅速召見了總統軍事顧問沃森將軍，命令他立即採取行動。

隨後，美國便成立一個協調核分裂研究委員會，專門從事製造原子彈的可行性研究。這就是著名的「曼哈頓工程」——美國製造原子武器工作的開端。

在羅斯福的直接關懷和過問下，美國終於最早生產出世界上第一顆原子彈，並對最後戰勝日本法西斯發揮了重要作用。

(四)

一九四〇年四月八日，歐洲戰爭形勢發生巨大變化，德國先後占領了丹麥、挪威、荷蘭、比利時、盧森堡等國，英法聯軍陷入嚴重的困境。五月十四日，德國軍隊又從色當突破了法軍防線，英法慘敗。

看到德國如此猛烈的攻勢，美國人目瞪口呆。以前，由於同歐洲的地域性隔離；如今，那種舒適感已經不存在了。他們感到自己已經喪失了第一道防線，他們的國家已經處於危險之中。人們已經強烈的意識到，希特勒的勝利必然會危及美國的安全。此時的羅斯福，再一次成為人民的希望所在，就像幾年前人民期待他帶領他們走出大蕭條的泥沼一樣，人民等待羅斯福再一次為他們指引道路。

針對德軍閃電戰的可怕之處，羅斯福強調，美國有必要建立周邊基地，以保護城市不受空襲。他又實事求是地交待了目前為加強陸、海軍而進行的工作。

最後，羅斯福還要求國會為空軍撥款十億美元，因為美國的現役飛機必須達到五萬架，美國工業每年必須生產五萬架飛機和十萬台發動機。羅斯福指出，空襲美洲大陸是有可能的：從格陵蘭飛到新英格蘭需要五個多小時，從百慕大群島起飛大約需要三小時，從西印度群島到佛羅里達只需要二十分鐘，從非洲西海岸到巴西只需要七小時……

這一次，羅斯福順利的達到了他的目的——喚醒美國民眾。眾議院共和黨領袖這次聽了羅斯福的談話後，只是簡單的說了一句：

「我們擁護這個方案。」

隨即，國會撥下款項，其數目比羅斯福要求的還要多。

在一九四〇年六月的敦克爾克大撤退中，英國將它處於絕境中的軍隊接回去百分之九十，然而武器卻丟失殆盡。當英國大使羅西恩伯爵前去向羅斯福求助時，才將實情告訴羅斯福：此時英國只剩下一個旅是裝備完好的，大炮實際上已經蕩然無存，僅有一百輛輕型坦克。如果德國人能夠渡過海峽，只需要一個裝甲師就可以征服英國。

羅斯福與他的顧問進行磋商，看能做些什麼。他可以將武器庫中存放的大量第一次

第十四章　風雲變幻中的美國總統

世界大戰時期的槍支彈藥及大炮宣布為剩餘物資，然後賣給英國。但鑒於他的顧問們的保守態度，羅斯福暫時沒這樣做。

一九四〇年六月四日，被德國的進攻推上首相寶座的邱吉爾向英國和全世界發表了慷慨激昂的談話。

在講述敦克爾克撤退時，邱吉爾既沒有縮小實際損失，也沒有掩飾錯誤。他的語調充滿熱情，振奮人心。在這極端危急的時候，他不祈求、不自誇，而是在代表一個臨危不懼的民族在談話。他說：

「不論付出多大的代價，我們都將保衛我們的島嶼。我們將在海灘上戰鬥，我們將在登陸地點戰鬥，我們將在田野裡和街道上戰鬥。我們絕不投降！」

羅斯福聽了這位首相的談話，心潮澎湃，深受感動，他決定為這個正在受難的國家和人民提供軍火。

在當時和稍後的日子裡，幾乎全美國人都聽到了這個聲音。整個美國的國民情緒幾乎在一夜之間發生了巨大的變化，人們突然意識到，現在似乎只有一個孤單單的英國還站在希特勒與美國之間了，如果德國打過英吉利海峽，那麼美國就成為全球最後一個民主國家了。一時間，就連平時對羅斯福進行最嚴厲批評的人都不得不向羅斯福靠攏了。

六月十日，當羅斯福獲悉義大利向法國宣戰後，憤然改寫了他準備在佛吉尼亞大學演講的講稿。在演說中，羅斯福宣布：美國的制度已經在世界舞台上面臨危險，它絕不可能變成「武力哲學統治著世界上的一個孤島」，對於他本人，對於絕大多數美國人民來說，那將是一場噩夢。

羅斯福以尖刻的話語表達了對這件事的震驚：

「就在一九四〇年六月的第十天裡，抓在敵人手中的匕首已經刺進了鄰居的背部。」

最後，羅斯福說出了他在頭腦中醞釀許久的一個意圖：

「我們要給反對暴力的人們提供我們這個國家的物質資源。今天，我們這個國家對自由的熱愛仍然是熾熱而堅定的。」

六月二十二日，法軍投降。六月二十五日，美國海軍作戰部長哈羅德·斯特克上將在國會上要求為建立一支在兩個大洋作戰的海軍撥款四十億美元。根據這項要求，美國海軍的規模將擴大百分之七十，即增加兩百五十七艘軍艦，其中包括幾艘戰列艦和二十七艘航空母艦。此時的羅斯福厲兵秣馬，加快了備戰的步伐。

第十四章　風雲變幻中的美國總統

第十五章　第三次連任總統

我要宣揚的不是頹廢的淫逸哲學，而是自發的人生之道。

——羅斯福

第十五章　第三次連任總統

（一）

一九四〇年，又到了美國總統的選舉年。羅斯福的第二屆任期將在這一年終了後不久期滿。這時，人們所關注的是：他是否會打破傳統，爭取第三次連任？這不僅成為美國各階層人民熱烈討論的大事，也成為世界各方矚目的重大事件。

由於七月十五日即將在芝加哥召開民主黨全國代表大會，所以人們更加迫切的想知道羅斯福的計畫，內閣成員和白宮的助手們同一般公眾一樣迷惑不解。甚至就連總統夫人艾莉諾直到一九四〇年春天的時候還認為羅斯福不會再參加競選了。

有一次，祕書利漢德小姐問羅斯福，下一屆誰將會被提名為總統候選人？總統平靜的回答說：

「上帝會指定的。」

羅斯福之所以一直沒有正式表態是有原因的。如果他宣布他不再連任，他馬上就會失去在國會和本黨政界人士中的大部分影響；然而，如果他宣布爭取連任，又會引起強烈的反對連任三屆總統的情緒，從而在他執行對外政策方面束縛手腳。如果他想援助盟國與希特勒作戰，就必須獲得輿論的支持。他不想給批評他的人提供新的依據。

當時的輿論對羅斯福來說的確不太輕鬆。美國輿論專家哈德利·坎特里爾在一九四〇年九月所作的輿情分析中指出：

「在整個美國，四分之一的人都認為美國置身戰爭之外比援助英國更重要；同時還認為，對英國的援助應該比現在給予的要少，或至少不比現在給予的多。儘管他們中的大多數人都認為德國會獲得勝利，但他們認為德國的勝利不會打亂他們的生活，也不會危及到美國的安全。」

孤立派組織「美國第一委員會」很快就利用這一輿論作為反對羅斯福連任的一個有力武器。羅斯福的這些對手們總是從最壞處去看他，確信他一心想著連任三屆，只是在用沉默掩蓋自己的獨裁野心罷了。

其實對羅斯福自己來說，是否繼續參加競選的問題也讓他內心矛盾重重。一方面，八年的總統重荷確實讓他感到十分疲憊，他盼望著能早點回到海德公園過那種安逸的生活，撰寫自己的回憶錄；另一方面，羅斯福又想鞏固新政的成就，將民主黨改造成一個自由主義的黨。他對保守派感到很失望，因此不願將領導職位拱手讓給那些保守派，他們是不會關心那些「住得差、穿得差、吃得差的人」的。羅斯福設想，民主黨將成為自由派的安息所，不管他們以前忠於哪一方。而民主黨內有望獲得提名的似乎只有法利和加納，但他們兩位對羅斯福的新政不感興趣，並對現行的外交政策頗具微詞。羅斯福意識到，如果延續新政一脈的政治，其他新政派人選顯然不如自己穩妥。

事實證明，希特勒的瘋狂侵略對羅斯福再次參加競選起到了決定性的作用。四月九日，德軍占領丹麥。四週後，西線突然開火，德軍穿過中立國荷蘭和比利時，向馬其諾防線包抄，荷蘭、比利時的軍隊幾乎立即被擊潰。接著，法國陸軍的快速後備部隊和英國遠征軍也節節敗退。英國只好請出邱吉爾來領導對付這場危機。

隨著國際危機的加深，羅斯福在群眾中的威信也扶搖直上。千百萬美國群眾懾於外來威脅，都本能地支持著他們的領袖，不再是去關注反對他三次連任總統這件事了。

到一九四〇年的六月，已經有成千上萬的民主黨政治活動家在為總統再度競選大肆鼓噪。羅斯福已經獲得足夠的代表票數，在候選人提名中可以輕易獲勝了。

第十五章　第三次連任總統

（一）

在一九四〇年六月舉行的共和黨代表大會上，溫德爾·威爾基獲得了共和黨的總統候選人提名。他渴望挑戰並保證要發動一場轟轟烈烈的競選活動。他向當時還在遮遮掩掩的羅斯福發出挑戰，要他出來與自己競選總統，並聲稱希望獲得與民主黨所能提出的最有力的對手一決絕高低的榮譽。他喊道：

「請把你們的主帥請出來！」

威爾基的挑戰引起了羅斯福的鬥志，同時也消除了他對不得不連任三屆的政治傳統的顧慮。因為從威爾基的話的字面意思來理解，就是「讓不得連任三屆的傳統見鬼去吧！讓我們來一次真正的較量！」這讓人們將這場角逐看成為一場驚心動魄的比賽。

所以，當羅斯福答應參加競選連任總統時，人們關注的並不是他違反了傳統或慣例，而是認為他只是在接受對手的挑戰。

當羅斯福決定競選連任的消息傳出後，在民主黨內部引起了軒然大波，大部分人表示支持，少數人表示反對。羅斯福的支持者們打算直接指定他為總統候選人，而不再採取投票的方式。但這樣做的話，就必須徵得現任副總統加納和民主黨主席吉姆·法利的同意，因為他們二人一直堅持出任下一屆總統的候選人。

七月七日，在民主黨代表大會召開前的一個星期，法利驅車前往海德公園會見羅斯福。羅斯福向法利解釋了他以前表示不爭取第三個任期的打算不能兌現是因為國際危機。但法利表示，他反對羅斯福這樣做。顯然，法利是不願意退出競選，那就只能由代表大會以鼓掌的方式提名羅斯福為總統候選人了。

關於競選夥伴的問題，羅斯福與法利也沒有達成一致。但在這次競選時，羅斯福第

第十五章　第三次連任總統

一次提出了關於他身體殘疾的問題。他說：

「同我一道競選的人必須身體健康，因為誰也不知道我還能夠堅持多久。一個身體癱瘓的人隨時都可能垮下來。人的一生，任何事情都不是肯定的。……而且十分重要的是，同我一道競選人應該隨時準備接替我的職務。」

七月十五日，民主黨全國代表大會在芝加哥舉行，羅斯福沒有到會。他派了自己的得力助手霍普金斯參加會議，並隨時向自己彙報事態進展情況。他要民主黨自動向他發出召喚。

大會進行的第二天晚上，常任主席阿爾本·巴克利參議員在一篇冗長的演說後半段，宣布要朗讀總統透過代表大會臨時主席致大會的一封信。信中聲明，總統今天沒有，而且從來也沒有任何願望或企圖，想在明年一月之後繼任總統。總統以誠摯和懇切的心情表示，出席大會的全體代表完全有自由投票選舉任何一位總統獲選人。

巴克利主席將這一聲明剛一宣讀完，全場震驚，接著是一陣沉默。隨即，從四周擴音器中雷鳴般迸發出一個聲音：

「我們需要羅斯福！」

很快，一些代表們開始拿起他們的州旗，在通道裡遊行；接著，越來越多的代表和參與者也加入其中。芝加哥選區的代表立即在走廊中喊起來：

「我們要羅斯福！我們要羅斯福！」

不一會，從會場中又傳來一陣接一陣的吼聲：

「芝加哥需要羅斯福！」

「伊利諾斯需要羅斯福！」

「紐約需要羅斯福！」

「美國需要羅斯福！」

……

最終，羅斯福以九百四十六票壓倒多數的優勢獲得了民主黨總統候選人的提名。

(三)

提名結束後，過了午夜，羅斯福才開始發表他的提名演說。在總統登上主席臺時，一盞強烈的聚光燈照射著懸掛在體育場鋼梁上的一幅羅斯福的巨型畫像上。

羅斯福演說的語氣平和而有力，就像父親對不守規矩的兒子說話一樣。他說：

「今天晚上，時間已經很晚了，但我感到大家寧願讓我現在對你們談話，而不是等到明天。」

接著，羅斯福對自己為什麼會違背不准連任三屆的傳統作了解釋：

我應該承認，此時我的心情是複雜的——因為，正像每個人在他的一生中遲早要面對的那樣，我發現自己正處於兩種矛盾的心理之中：一方面，我個人熱切希望退休；另一方面，那個不聲不響、看不見的叫做「良知」的東西卻又不允許我這樣做……

在許多個不眠之夜，我常常捫心自問，作為海陸空軍總司令，我是否有權號召大家為國效勞？或者接受訓練準備為國效勞？而當全國人民也要求我以自己個人的地位為國效勞時，我卻不肯這麼做。

如今，由於一種壓倒一切的國際危險，所有的私人計畫，所有的私人生活，在一定意義上來說都已被置之度外。在國家面臨危險的情況下，所有能夠為共和國效勞的人們都沒有其他選擇，只能為國家盡力而為。

就像大多數與我同齡的人一樣，我也有我自己的計畫，我也想享受我自己選定的、稱心如意的個人生活，希望這種生活從一九四〇年一月開始。但是……一切私人的計畫，一切私人生活的安排，從一定意義上來說，都被人類面臨的一個巨大的危險所否定了。

只有人民才能召喚回他們的總統。如果人民向我發出了這樣的召喚，我願意用最簡單的言語向你們表示：我將在上帝的保佑之下，繼續奉獻出我的全部才能和全部力量來為你們服務……

羅斯福的談話簡樸而深刻，令人感動。

不過，一九四〇年的大選對羅斯福和威爾基來說都不容易。當時，美國人口已達到一點三億，經濟持續衰退，失業人口仍有九百萬。除了一般的內政問題令人困擾，具有無法解決的複雜性之外，又籠罩著世界大戰的可怕陰影。因此，人們的心緒都很浮躁，根本無心認真去傾聽總統候選人那炮製出來的演說。所以，當時的人們並沒有特別注意兩位候選人均未提出什麼系統政綱，甚至在一些內容上也是相互交叉或雷同。

威爾基的活動能量很大，有時一天發表的演說多達十五次。他周遊全國，大談特談羅斯福的種種過失。但羅斯福卻巧妙的將自己置身於競選之外，而是將絕大部分注意力集中在即將爆發的不列顛戰役上，為戰爭進行著種種準備。

當時，德國潛艇四處活動，正在消滅作為英國生命線的運輸船隊的主要力量。英國人正在遭受轟炸和圍困，幾乎到了崩潰的邊緣。

早在五月十五日時，英國首相邱吉爾就請求借用美國在一戰後遺留襲來的正在重新裝備的四五十艘驅逐艦，但羅斯福鑒於國內的反對，沒有馬上答應。此次，他以行政命令恢復了威爾森為準備參加一戰而在一九一六年成立的國防諮詢委員會。六月，為在一定程度上給予英國援助，羅斯福撤掉了本黨中有孤立派觀點的陸軍部長伍德林，任命積極主張援英抗德的共和黨人亨利·史汀生擔任陸軍部長，弗朗克·諾克斯任海軍部長。

到了九月十二日，羅斯福終於以非凡的勇氣，衝破重重障礙，靠行政命令將這些驅逐艦轉讓給英國人。羅斯福對國會的反對派們說：

「哪怕再推遲一天，就可能意味著文明的消失。」

（四）

隨著大選日期的臨近，羅斯福認為該是「提醒全國人民注意有意無意或無意歪曲事實的行為」的時候了。

一九四〇年十月三日，羅斯福在費城發表了他的第一次演講。他聲稱，作為一名競選老手，他喜歡光明正大的戰鬥，而共和黨的所有資料和說法都是捏造出來的。

在競選的最後一站克里夫蘭，羅斯福穿上護腿，由沃森「老爹」攙扶著走向後廂平台，向前來聽他演說的群眾致意。

曾為羅斯福草擬演說稿十七年之久的羅森曼認為，在羅斯福所有最好的演說中，這次在克里夫蘭的演說可列為第二位。

羅斯福稍微提了一下第三任的問題，稱四年後「將由另一個人來出任總統了」時，全場裡「不！不！」的狂呼聲幾乎打斷了他的話。

思維敏捷的羅斯福馬上將嘴巴湊近話筒，加大嗓門繼續向下講，以便將這種顯得他將永遠當總統的呼聲不至於從廣播中擴散出去。

十一月五日，共有五千萬選民參加了選票。羅斯福以兩千七百二十四萬票對威爾基的兩千兩百三十萬票，選舉人票為四百四十九對八十二。羅斯福贏得了除辛辛那提以外的所有四十萬人口以上城市的支持。

這幾乎是一場勢均力敵的競選。它幾乎沒有顯示出兩黨慣有的政治哲學及施政綱領上的鮮明對壘。民主黨的勝利也主要是羅斯福個人的勝利。另外，為數眾多、收入屬於中下等的階層主要投了羅斯福的票，而幾乎所有的大集團都轉向了威爾基。

一九四〇年的這次大選結果不僅打破了美國一百多年來的政治傳統，而且成為第二次世界大戰期間的一次有重大戰略意義的搏鬥。羅斯福第三次就任美國總統，比起他在大危機年代臨危受命挽救資本主義體系來，顯得更具有重大意義。

第十五章　第三次連任總統

第三次當選總統，也讓羅斯福理所當然的認為美國人民對他的新政是認可的。現在，他可以比較放手執行他的外交政策了。事實上，從一九四一年一月二十九日起，到三月二十九日，英美參謀人員就已經在華盛頓進行了祕密會商，制定美國日後參戰的藍圖——《ABC——1》計畫，計畫在大西洋集中力量打擊德國，在太平洋方面採取守勢。這一戰略原則的出發點是：打垮了德國，日本和義大利就無法繼續堅持下去；而打垮了日本和義大利，德國仍然能繼續打下去。

如果說在一年前，羅斯福正為廢除中立法中武器禁運的條款而苦惱，那麼在一九四〇年十二月二十九日發表爐邊談話時，他已經能夠提出「我們必須成為民主國家的偉大兵工廠」的口號了。

在這次談話中，羅斯福強調說：

「過去兩年的經驗已經毋庸置疑的證明，任何國家都不能姑息納粹，任何人都不能靠撫摸來將老虎馴服成小貓。不能姑息殘忍的行為，對於燃燒彈是不能講道理的。我們知道，一個國家只有以徹底投降為代價才能同納粹保持和平。」

就在這一夜，倫敦遭到了大戰中最為猛烈的一次轟炸。在一九四一年一月六日致國會的咨文中，羅斯福譴責了美國至今仍然存在的一部分綏靖主義者，並再次強調美國在此次戰爭正所能起到的最有效、最及時的作用，就是成為民主國家以及我們自己的兵工廠。

幾天後，羅斯福向國會提交了由財政部起草的租借法案。一九四一年三月八日，經過長達兩個月的激烈辯論，參議院和眾議院都通過了租借法案。三天後，羅斯福簽署了租借法案。

該法案授權總統「向總統認為其防務對保衛合眾國至關重要的任何國家的政府出售、轉讓、交換、出租、借與任何防務器材」。另外，美國各個造船廠的設備也可供這些國家使用。

羅斯福還不失時機的要求國會撥款七十億美元，作為生產與輸出租借物資之用，國會很快就通過了。

租借法案實際上是令一九三九年的新中立法中的限制性條款自行作廢，同時也意味著一個時期的結束。它是羅斯福政府將美國從忸怩作態的中立引向國際合作和直接參加世界反法西斯戰爭的決定性一步。

為了保障租借法案的順利實施，美國不可避免的擴大了巡邏區，並以海軍護艦來對付德國軍艦和潛艇組成的「狼群」。

第十五章　第三次連任總統

五月二十一日，美國運輸船羅賓·摩爾號在從紐約開往開普敦途中被德國艦艇擊沉，羅斯福據此宣布，美國將處於「國家緊急狀態中」，並發出了「遇敵即殲」的指令。至此，美德兩國在大西洋上已經處於實際上的交戰狀態，並成為真正與英國並肩作戰的盟友。

第十六章　大西洋會議

人經過努力可以改變世界，這種努力可以使人類達到新的、更美好的境界。沒有人僅憑閉目、不看社會現實就能割斷自己與社會的聯繫。他必須敏感，隨時準備接受新鮮事物；他必須有勇氣與能力去面對新的事實，解決新的問題。

——羅斯福

第十六章　大西洋會議

（一）

一九四一年六月二十二日凌晨三點，希特勒採取了不宣而戰的強盜慣伎，突然對蘇聯發動進攻。隨後，義大利、芬蘭、羅馬尼亞和匈牙利也一道參加了侵略蘇聯的戰爭。第二次世界大戰中規模最大、最具有決定性的大戰，在蘇聯的國土上展開了。

希特勒妄想用迅雷不及掩耳的「閃電戰」，在六個星期到兩個月的時間內打垮蘇聯，在冬季到來之前結束戰爭。

德蘇戰爭爆發後，立即引起了世界各國的關注。美國有些內閣部長和高級將領都力主乘機向法西斯展開進攻。然而，羅斯福卻仍然希望保持一種半交戰的狀態，不想同納粹德國發生公開的衝突。他本能的認識到，德國對蘇聯的入侵已經扭轉了戰爭的進程，並認為這是在美國不直接捲入的情況下促進他抵抗希特勒政策的一個機會。他對陸軍部長說：

「我認為，向俄國提供各種合理的彈藥援助，對美國的安全是至關重要的。」

雖然羅斯福一直在緊鑼密鼓，也採取了一系列措施，但他仍然受到來自兩方面的強大壓力：參戰派人士如史訂生、諾克斯、摩根索等，認為要解救被希特勒奴役的國家，美國必須參戰，而且越快越好；而孤立派則大聲喊叫，對英國只能採取除戰爭以外其他援助方式，絕不能涉足戰爭。

對此，羅斯福本人的觀點是：一方面對德國保持強大壓力，同時謹慎行事，既注意德國可能採取的措施，又注重公眾輿論的動向。羅斯福曾對急不可待的參戰派談了自己的想法：

「我從伍德羅．威爾森那裡獲得了經驗，以巨大的分裂令國家投入戰爭是一件十分可怕的事。如果我們要投入戰爭，我也希望大家能夠團結一致。」

他還引用威爾森的話說：

「當我們要同德國戰鬥時，我們必須弄清楚，全國不僅同我們一起戰鬥，還要願意同我們一起戰鬥到底。」

德蘇戰爭爆發不久，英國首相邱吉爾就向世界莊嚴宣布：英王陛下已經決定給予蘇聯和蘇聯人民以一切可能的援助。他說：

「在過去二十五年中，沒有誰像我這樣，始終一貫的反對共產主義。我並不想收回我說的話，但是，面對展現在我們面前的這種情形，這一切都已經黯然失色了。」

在邱吉爾的這次演說後，人們開始督促羅斯福加快步伐。但在這關鍵的時刻，羅斯福還是保持冷靜，一點點加快步伐。在採取援助蘇聯的公開行動之前，他希望能弄清蘇

第十六章　大西洋會議

聯的實力，包括物質和精神的，他們到底能支持多久？

七月十一日晚上，霍普金斯同羅斯福進行了一次長談，隨後，羅斯福潦草的寫了一份海底電報，指示懷南特大使通知邱吉爾，霍普金斯很快就要同他在一起。

七月十三日一早，霍普金斯飛往蒙特利爾，隨後到紐芬蘭的甘德，然後又從那裡乘一架租借法提供的 B-24 轟炸機前往蘇格蘭的普雷斯特韋奇，在那裡見到了邱吉爾，討論戰事出現的嶄新局勢。

當霍普金斯與邱吉爾會面時，在蘇聯的戰爭已經進入第四週了。在霍普金斯抵達倫敦的前幾天，英蘇兩國已經簽訂了「聯合行動協定」。該協定規定：

一，兩國政府保證，在對希特勒德國作戰期間，互相給予一切援助和支持；

二，兩國互相保證，在這次戰爭中，除非經過雙方同意，任何一方既不得談判，也不得簽訂停戰協定或和約。兩國政府取得諒解，日後還需用更明細的政治與軍事協定來補充本協定。

在倫敦期間，霍普金斯同莊吉爾詳細的討論了召開大西洋會議的問題。他們發現，英國人和美國人當時所有的主要估計，都是以不充分的情報和推測作為根據的。當時對於戰爭各階段的各種考慮，包括美國的生產和租借法在內，都取決於蘇聯能夠支持多久的問題。

於是，霍普金斯決定親自去一趟莫斯科，設法從史達林本人那裡獲得關於這個問題的一切答覆。

七月二十五日，霍普金斯給羅斯福發了一份電報，提出了自己的建議。羅斯福很快就同意了他的建議。

霍普金斯一抵達莫斯科後，就受到蘇方的熱烈歡迎。第二天下午六點半，霍普金斯在大使的帶領下來到克里姆林宮會見了史達林。史達林熱情的接見了這位美國特使。隨後，史達林向霍普金斯全面的介紹了蘇聯戰場的情況。

史達林說，戰爭爆發時，德國在蘇聯的西線軍隊共有一百七十五個師。但從那時到現在，他們的已經增加到兩百三十二個師了。他相信，德國能夠動員三百個師。

在戰爭爆發時，蘇聯有一百八十個師，但其中許多師都遠在作戰前線的後方，不能馬上動員。因此當德國軍隊打來時，沒有進行充分的抵抗。現在，蘇聯在前線師的數目已達兩百四十個，另外還有二十個作為後備。至今約有三分之一的部隊還沒有處於炮火之下。

史達林說，德國低估了蘇聯軍隊的實力，而且他們現在在整個戰線上都沒有足夠的

第十六章　大西洋會議

部隊既能進行成功的進攻戰，又能同時守衛他們漫長的交通線。他說，德國部隊似乎感到很疲勞，他們俘虜到的德國軍官和士兵都曾表示，他們「對戰爭感到厭惡」。在過去是十天中，蘇聯的部隊所受到的壓力已經緩和了許多。

最後史達林說，他相信美蘇終歸難免在某一戰場上同希特勒搏鬥一場，但他認為，這場戰爭將會是十分艱苦的，可能也是長期的。他要求霍普金斯轉告羅斯福總統，儘管他有信心，蘇聯軍隊能夠頂得住德國軍隊，但到來年春天，供應問題可能會成為一個嚴重問題，屆時他將需要朋友的說明。

在兩天的時間裡，霍普金斯從史達林處所獲得的關於蘇聯實力和前途的情報，比他們准許給予任何外人的都要多。在離開克里姆林宮時，就霍普金斯這一方面來說，也是懷有這樣深刻信心的，即史達林自己或透過任何他人都不是說話不負責任的。這的確是英美和蘇聯戰時關係的轉捩點。英美所有的估計都不能再以「蘇聯大概快一蹶不振」作為依據了，他們不再進行悲觀的預測，而是樹立了對蘇聯的信心。

在莫斯科緊張奔波了一週後，霍普金斯於八月一日乘軍用飛機轉道倫敦回國。

（二）

一九四一年八月九日到十二日，在紐芬蘭艾金夏半島的普拉森舍灣上，羅斯福與邱吉爾這兩位偉人開始了他們的第一次歷時性會晤。這次會晤，是在美國還沒有捲入戰爭的情況下，羅斯福以美國總統的身分第一次遠離本土，與正在進行生死搏鬥的英國領導人，就戰爭問題進行磋商的一次具有特殊意義的事件。在此後的整個二戰期間，兩位領導人在會議和訪問中共相見十一次，在一起的時間總計約一百二十天。

為了此次會晤，雙方都作了充分的準備。羅斯福對於他所進行的事業的正義性抱有熱忱的信念。但現在，他還沒有一個關於原則與目標的宣言。他需要一個美英兩國共同作出的、關於目的和理想的聯合聲明，藉以向全世界宣告他們為之戰鬥的崇高目標。

而英國首相邱吉爾則希望透過此次會談達成某種重大的協議。在邱吉爾的心中，美國還是他母親的母國。他冒著生命危險，在沒有足夠的艦艇、飛機護航的情況下，橫渡戰火紛飛的大西洋，經過整整五個晝夜的航行，來會見通信已接近兩年之久的美國總統羅斯福。

八月九日早晨，天空有些霧氣。羅斯福乘坐的「奧古斯塔號」在紐芬蘭艾金夏半島的普拉森舍灣拋錨，羅斯福在這裡等待邱吉爾的到來。

第十六章　大西洋會議

當邱吉爾乘坐的「威爾士親王號」駛來時，羅斯福命令兒子伊里亞德扶他站起身來。麥金泰爾醫生俯身為他扣緊了支架。

羅斯福脫下帽子，立正致敬。他清楚看到邱吉爾在英國軍艦的艦橋上向他行禮。接著，英國船駛轉向一個沒有旗子標誌的浮標，在那裡拋錨。

十一點整，海軍上將的汽艇駛離「威爾士親王號」，總統站在「奧方斯塔號」的旋梯上等候。汽艇到達船邊。隨後，在汽笛的鳴叫聲和海軍儀仗隊舉槍致敬的碰擊聲中，穿著褐色海軍制服，略顯古板、粗率而有力的邱吉爾首相走上船梯。

首相停下腳步，禮貌的朝後甲板致敬，然後笑眯眯的伸出雙手走上前去。

「終於見到您了，總統先生！」

「我很榮幸在船上與您相會，邱吉爾先生。」羅斯福回答。

隨即，兩隻手緊緊的握在一起，熱情猶如強大的電流一般傳遍他們的身體。對這兩位偉人來說，這一次的會晤象徵著他們共同擁有夢寐以求、努力爭取並最終實現的目標。世界上最強大的兩個民主國家首腦間的合作從此開始了。

在當天晚上的商討中，羅斯福和邱吉爾都嚴重地關注到了日本以及它向東印度群島和馬來亞進逼的形勢。雙方都認為，絕不能讓日本人越過法屬印度支那的金蘭灣以南，但仍要盡一切努力推遲戰爭的爆發。

「您認為我們可以爭取到多長時間？」邱吉爾問。

「我想還能把日本拖上幾個月吧。」羅斯福回答說。

但在具體的戰略上，雙方產生了分歧。邱吉爾擔心日本可能會切斷英國通向印度和東南亞的生命線，所以，他希望美國能參戰，或至少說服美國同英國一起，警告日本不要對馬來亞和荷屬東印度群島發動進攻，以遏止戰爭的繼續蔓延。

羅斯福同意向日本遞交一份強烈的照會，但不答應美國馬上參戰，認為美國人民目前在思想準備還不充分。同時，羅斯福還拒絕了邱吉爾關於美國在新加坡舉行一次參謀部會議以討論保衛東南亞的措施的建議。羅斯福對自己的部下說：

「邱吉爾和你我不同，他非常固執。他與其他人一樣，希望在戰爭結束時能再次擴大他的帝國。他希望我們支持他……我不得不一再拒絕他要驚動日本的懇求，因為我想盡一切努力不給日本人造成進攻我們的口實。」

第十六章　大西洋會議

（三）

一九四一年八月十二日，羅斯福與邱吉爾在「奧古斯塔號」內起草《大西洋憲章》。在場的人除了邱吉爾和羅斯福之外，還有具體草擬初稿的威爾斯和卡多根、哈利·霍普金斯及剛從英國飛來的比弗布魯克勳爵等。

這時，羅斯福總統用洪亮的聲音慢條斯理的朗讀著：

「美利堅合眾國總統和英王陛下政府的首相邱吉爾先生，認為有必要……」

「總統先生，」邱吉爾打斷羅斯福的話，插話說，「我們是否應該說：『會晤之後認為有必要』？」

「很好。」羅斯福大聲說，「就這麼說……『會晤之後認為有必要』宣布兩國的若干共同原則，他們希望根據這些原則改善世界的未來局勢。」

就這樣，羅斯福和邱吉爾逐字逐句的寫著，有時意見一致，有時則激烈爭辯，然後一點一點的讓這個偉大的檔案成形，成為自由世界的「偉大憲章」——《大西洋憲章》。

《大西洋憲章》最後提出八點主張：英美兩國絕不進行任何擴張；反對強加於人的或不民主的領土易手；包括被強行剝奪權力的人民在內的所有各國人民，都擁有自主權和自治權；所有國家對其所必需的各種原料享有經濟上的平等待遇；透過經濟合作，保證

「提高勞動水準，加快發展經濟，改善社會治安」；戰後和平應保障各國安全，消除人類的恐懼和匱乏；海上通商自由；「在建立一個更廣泛、持久、普遍安全的體制之前，解除侵略國的武器，削減軍備負擔」。

在這次會議上，羅斯福作出的唯一承諾，就是回到華盛頓時將與野村見面，並向國務卿赫爾發出電報，讓他安排見面。

八月十二日，羅斯福與邱吉爾分手告別。當邱吉爾乘坐「威爾士親王號」離開艾金夏時，美國驅逐艦隊將他的艦隻一直護送到冰島。

大西洋會議結束後，美國護航行動進一步擴大。早在一九四一年九月四日，德國潛艇曾攻擊美國驅逐艦「格里爾號」。這是美國軍艦第一次遭到德國潛艇的攻擊。鑒於這次襲擊以及其他襲擊事件，羅斯福下令「遇敵即殲」。

為抓住這一事件，在國民中進行深入的思想發動，羅斯福特意舉行了一次記者招待會。九月十一日，總統下令對「大西洋上的響尾蛇」「看見了就打」。他說：

「在響尾蛇擺開架勢要咬你時，你不會等它咬到了你才把它踩死。」

「是時候了，全體美國人，整個南北美洲的美洲人，都應該丟掉那種不切實際的幻想，以為南北美洲竟能在納粹支配的世界中幸福而和平的生存下去！」

第十六章　大西洋會議

從此以後，美國與納粹德國雙方之間的鬥爭已到了一觸即發之勢。一九四一年九月十九日，美國商船「平克斯塔號」在冰島西南被擊沉，羅斯福遂於十月九日向國會申請修改一九三九年的中立法，要求武裝商船，恢復開過船隻開赴戰區的貿易權。

就在國會為羅斯福的這一申請辯論得難解難分之際，十月十七日，美國的驅逐艦「基爾尼號」又在冰島西南部被擊傷，導致十一人死亡。三天後，美驅逐艦「盧本·詹姆斯號」被擊沉，導致九十六人死亡。

這幾起沉船事件令羅斯福非常憤怒。他大聲向全國宣布：

「我們希望避免交火，但還是交火了。到底是誰先發第一槍，歷史已記錄在案！」

隨即，羅斯福宣布美國將對北大西洋海域的運輸貨船給予保護，即使它已伸展到貼近德國人所說的「作戰區」的水域，也在所不顧。羅斯福命令對北美到冰島航線上的船隻進行全面護航，美國海軍隨時準備採取行動。

十一月七日，參議院和眾議院分別通過再次修改中立法的決議，取消禁止武裝商船和關於美船不得進入戰區和交戰國港口的規定。從此，美國與德國在大西洋上開始了未經宣戰的戰鬥。

第十七章　珍珠港大轟炸

當人們自由地追求真理時，真理就會被發現。

——羅斯福

第十七章　珍珠港大轟炸

（一）

就在羅斯福忙於處理與德國之間的海上衝突時，他的母親莎拉夫人卻不幸病重。一九四一年九月六日晚上，老人的心臟病突然發作，第二天便不幸去世了。

對於母親的病逝，羅斯福十分悲痛。在母親的葬禮上，羅斯福總統在沒有特工人員的陪同下露面了。這是他第一次，也是唯一的一次。

九月十一日，羅斯福回到白宮，衣袖上戴著黑紗，向全國發表了廣播談話。他再次號召全國人民拋棄幻想，準備鬥爭。為了保衛自己的國家，應該隨時作好戰鬥的準備。

然而，就在美國準備在大西洋與德國作戰時，奸詐狡猾的日本法西斯強盜在「和談」的掩護下，突然向美國這個龐然大物狠狠的刺了一刀。

一九四一年十二月六日，羅斯福親自向日本裕仁天皇發電報呼籲和平。他認為，這是防止美日戰爭的唯一途徑。他的電報中說：

「我們兩個人都有恢復傳統的和睦、防止人類進一步死亡和毀滅全世界的神聖義務，這不僅是為了我們自己的偉大國家的人民，而且也是為了鄰邦的人民。」

十二月七日一早，羅斯福便像往常一樣開始了他一天的工作。中午時，羅斯福和霍普金斯在總統的辦公桌上一起吃午飯。飯後兩人談論著戰爭以外的一些話題。

下午一點四十七分，電話響了。總統拿起電話，電話員表示歉意，說是海軍部長諾克斯打來的電話，堅決要求與總統通話。

「總統先生，看樣子日本人好像要襲擊珍珠港！」諾克斯著急地在電話中說。

原來，在這天上午，海軍部的電訊部門偵獲了一份「令人難以置信」的電文，那是美國太平洋艦隊總司令金梅爾向夏威夷的全部美國艦隊發出的一份特急通知：

「珍珠港遭到空襲——不是演習。」

諾克斯收到這封電訊後，嚇得倒吸了一口氣，自言自語地說：

「這不可能是真的，那一定是菲律賓！」

可他還是趕緊拿起電話，向總統報告了這一突如其來的消息。

霍普金斯聽到這一消息後，連說「不會！不會！」，這個洞悉世界政治風雲的顧問認為日本不敢冒天下之大不韙來襲擊珍珠港。

「這恰恰是日本人採取的出乎意料的行動。就在他們談論太平洋的和平時，他們卻在密謀破壞和平。」羅斯福說。

然後，羅斯福又談了自己為使美國不介入戰爭所作出的努力，最後懷著沉重的心情說：

第十七章　珍珠港大轟炸

「如果這則消息是準確的，那就完全令我無法控制局勢了，戰爭會越來越大；那麼，日本人就要使美國身不由己了。」

幾十分鐘後，海軍參謀長哈德羅‧斯特克又打來電話，證明襲擊是真實的，並且損失慘重。消息在數小時內便傳遍了華盛頓。

珍珠港是美國在太平洋上最大的海軍基地，位於夏威夷群島的中心瓦胡島的南端，面積達五百九十八平方英里。海港的中央有個福特島，是美國海軍的航空站。在珍珠港事件發生之前，美國太平洋艦隊共有八十六艘艦艇停泊在這裡，其中包括戰列艦八艘，驅逐艦二十八艘，巡洋艦七艘，潛水艇五艘，但並沒有航空母艦在。

一九四十一年十二月六日，日本法西斯頭子東條英機及其軍政要員通宵未眠，在東京透過電波指揮著一場震驚世界的向南亞和夏威夷群島進軍的戰役。

七日黎明，日本聯合艦隊接到東京大本營的指令，向美國太平洋艦隊基地珍珠港發起突然襲擊，從而揭開了太平洋戰爭的序幕。

（二）

日本偷襲珍珠港的特遣隊共擁有六艘航空母艦，載著四百三十二架飛機，擔任護航的是兩艘戰列艦、三艘巡洋艦、三艘潛水艇和九艘驅逐艦。另外二十七艘潛艇作為先遣隊已經提前出發了。這支特遣艦隊在十一月二十六日出發，選擇了嚴寒多霧的北方航線，隱蔽前進，以便能避開美國的巡邏飛機和來往的商船。

十二月七日早上六點左右，日本特遣艦隊到達預定停泊點，即瓦胡島以北兩百三十英里處，特遣艦隊司令南雲忠一隨即命令第一批一百八十三架飛機準備對珍珠港港口進行轟炸。

夏威夷時間七日上午六點十五分（華盛頓時間七日上午十一點四十五分），第一批襲擊隊的一百八十三架飛機從六艘航空母艦上一架接一架的起飛了。

就在第一批襲擊隊的一百八十三架飛機從瓦胡島以北兩百海里處起飛，直指珍珠港時，在該島以西兩百海里的地方，十八架機翼上塗有星形標記的飛機也從航空母艦上起飛了，同樣也是朝著珍珠港的方向飛去。這十八架飛機是美國航空母艦「企業號」的SBD俯衝轟炸機。

為了加強威克島的防禦能力，「企業號」還向該島的海軍陸戰隊運去了十二架戰鬥機。本來運送任務完成後，「企業號」就準備在當天上午七點半通過珍珠港航道，八點在港內停泊。但「企業號」在從威克島返航途中，恰逢天氣大霧，便推遲了返航時間。

日軍的第一批轟炸機開始發動襲擊的時間是上午七點五十五分，如果「企業號」按原定時間返航的話，那麼它必將遭到日軍的轟炸，葬身於珍珠港的淺海當中。應該說多虧了這壞天氣，「企業號」才避免慘遭厄運。

第十七章　珍珠港大轟炸

一九四一年十二月七日晨七點四十八分，日本聯合艦隊的第一批零式飛機飛抵瓦胡島北端的卡胡庫角。淵田中佐用莫爾斯電碼向機動部隊發出了命令——「托！托！托！」其含義是第一次全面攻擊開始。

於是，各類飛機騰空而起，尋找自己的捕獲物，一場殘酷而野蠻的轟炸開始了……

至九點四十五分，這場致命性的突然襲擊才結束，日本飛機紛紛離去。此時，煙霧彌漫的珍珠港到處都是汽油燃燒的惡臭味。「亞利桑那」號、「奧克拉荷馬」號和「加利福尼亞」號戰艦已被擊沉；「西維吉尼亞」號拖著火焰正在下沉；「內華達」號已經擱淺。其餘的三艘戰列艦「馬里蘭」號、「田納西」號和「賓夕法尼亞」號都受到不同程度的重創。福特島上的海軍飛機不是被炸毀就是被炸壞，沒有一架可以使用了……

當羅斯福總統獲悉這一令人慘痛的消息後，馬上打電話給陸軍部長史汀生，激動的

[illegible]記住這個恥辱的日子——美利

美國和「[illegible]求，我們仍在同它的政府和天皇進行會談，以期維護太平洋[illegible]空軍中隊已開始轟炸美國瓦胡島之後的一小時，日本駐美大使還向我們的「[illegible]交了對美國最近致日方信函的正式答覆。雖然覆函聲稱繼續現行外交談判似已無用，但並未包含有關戰爭或武裝進攻的威脅或暗示。

歷史將會證明，夏威夷距日本這麼遙遠，表明這次進攻是經過許多天甚至許多個星期精心策劃的。在此期間，日本政府蓄意以虛偽的聲明和表示繼續維護和平的願望來欺騙美國。

昨天日本對夏威夷島的進攻，給美國海陸軍部隊造成了嚴重的損害。我遺憾的告訴各位，很多美國人為此喪失了生命。

昨天，日本政府已發動了對馬來亞的進攻。

我們時去保衛新加坡……這一切問題折磨了他好幾個星期、好幾個月，現在結束了。」珀金斯部長後來這樣形容當時羅斯福的感受。

港事件促使了美國人的覺醒，羅斯福總統深感內疚。他認為，這是美國歷史上辱。他決心以此教育美國人民團結起來，狠狠打擊法西斯侵略者。

十二月八日，羅斯福前往國會，作了不久就舉世皆知的名為《一個遺臭萬年的日的演說。

當羅斯福總統裝著支架，由他兒子詹姆斯上尉攙扶著緩步穿過國會大廳時，歡呼聲像暴風雨一般爆發出來。羅斯福接受過無數次的歡呼，但從未有一次像今天這樣。似乎所有的這些人，不論是民主黨還是共和黨，都在向他，並且透過他，向他們的國家表達他們的赤膽忠心。

羅斯福緩緩登上講壇的斜坡，走向演說的位置。他面對著沸騰的人群站好，面色凝重，雙目凝視前方。他一手扶著講台，一手打開一個好像小學生使用的黑色筆記本，然後抬頭看看座無虛席的樓廳觀眾席。在全國各地，美國人民此刻正聚集在收音機

昨夜，日本軍隊進攻了香港。

昨夜，日本軍隊進攻了關島。

昨夜，日本軍隊進攻了菲律賓群島。

昨夜，日本人進攻了威克島。

今晨，日本人進攻了中途島。

……

作為陸海軍總司令，我已指示，為了我們的防務採取一切措施。但是，我們整個國家都將永遠記住這次對我們進攻的性質。

……

敵對行動已經存在。無庸諱言，我國人民、我國領土和我國利益都處於嚴重危險之中。

信賴我們的武裝部隊——依靠我國人民的堅定決心——我們將取得必然的勝利，願上帝幫助我們！

我要求國會宣布：自一九四一年十二月七日——星期日，日本發動無端的、卑鄙的進攻時起，美國和日本帝國之間已處於戰爭狀態。

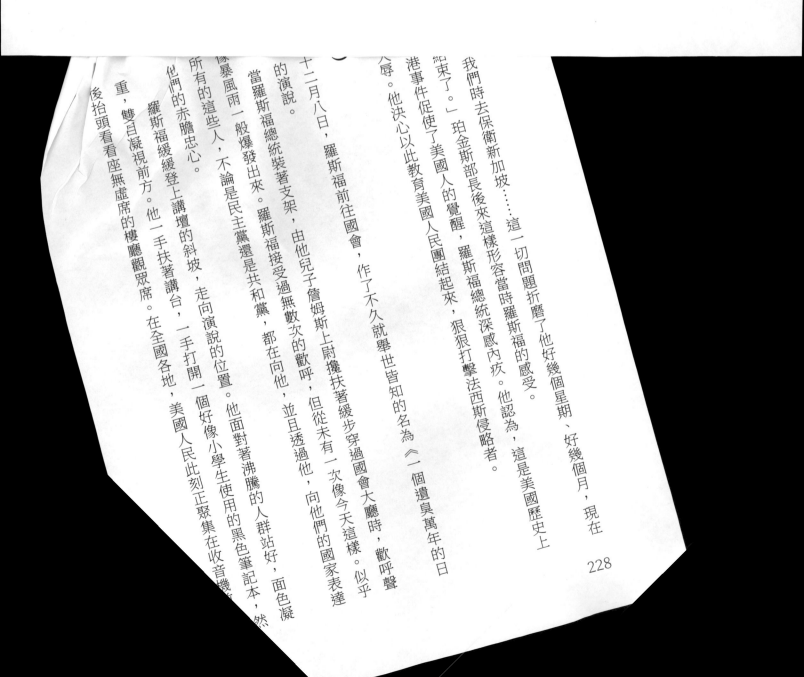

羅斯福的演說歷時僅六分鐘，沒有過多的渲染。然而，這次簡單的演說比一戰期間威爾森於一九一七年要求國會對德宣戰的演說份量要重得多，影響也深遠得多。最終，參議院以八十二票對零票，眾議院以三百八十八票對一票通過了羅斯福的宣戰要求。

從此，美國正式參加了第二次世界大戰。

第十七章　珍珠港大轟炸

第十八章　由防禦到反攻

我們不能總是為我們的青年造就美好未來，但我們能夠為未來造就我們的青年一代。

——羅斯福

第十八章　由防禦到反攻

（一）

美國的參戰，令第二次世界大戰形成了最後的陣營結構，它已成為西方兩個最強大的民主國家——美國和英國——同社會主義的蘇聯結成公開宣布的或心照不宣的同盟所進行的聯合戰鬥。

過去，這兩種不同類型的國家之間累積的大量不信任情緒、偏見甚至敵意已被擱置一邊，羅斯福、邱吉爾和史達林面臨著共同的對手。嚴峻的形勢促使他們摒棄主義的偏見，協調戰鬥。

戰爭也給美國社會帶來了一場巨大的變革，它無所不至的、不可抗拒的延展到美國社會的各個角落。一切的運轉都圍繞著戰爭勝利這一中軸，總動員開始了。

在戰爭期間，羅斯福「表現了掌握和控制十分緊迫的事態的高超才幹，而這正是一位政治家最難能可貴的特點」，他顯得有條不紊，鎮靜自若，神態莊重，不知疲倦而又滿懷信心。

美國參戰後，軍火裝備和後勤物資的需求量激增，無數民用工廠都改裝為生產軍需物資的工廠，汽車工業幾乎全部改為製造飛機、坦克、卡車、吉普車，其他輕工業則製造機關槍、步槍、雷管、炮彈，化工企業則生產炸藥和三硝基甲苯。日夜運轉的生產線吸納了大量的就業者，自大蕭條以來的頑症之一——失業現象幾乎完全消失了。

一九四一年聖誕前夜，華盛頓的節日氣氛依舊。兩天前抵達美國的英國首相邱吉爾正在參加羅斯福在白宮草坪上點燃聖誕樹的儀式。同時，邱吉爾還發表了熱情洋溢的聖誕演說。

次日，邱吉爾到達國會山，向兩院聯合會議致辭，作了他生平最偉大的演說之一。他指出，英美在未來的歲月裡，為了人類文明的命運將莊嚴的並肩戰鬥。為喚醒議員們的親近和認同感，首相說：

「我不禁想起：如果我的父親不是英國人而是美國人，而我的母親不是美國人而是英國人，那麼，我很有可能憑藉自己的力量成為諸位在座中的一員。」

頓時，雷鳴般的掌聲經久不息。

邱吉爾此行的目的是同羅斯福舉行一次「審議整個戰爭計畫」的會議。於是，代號為「阿卡迪亞」的會議便在華盛頓召開了。

會議進展順利，美英雙方在許多重大問題上都達成了協定，並確認德國始終是最主要的敵人，打敗德國是盟國的最首要任務，「先歐後亞」的戰略不能改變；雙方決定成立英美聯合參謀長委員會，在太平洋地區建立英、美、荷盟軍聯合司令部，成立軍需品分配委員會等五個聯合機構，統籌盟國在軍火、船運和原料等方面的經濟活動；羅斯福還強調了德蘇戰場的重要性，並決定恢復援助蘇聯。

一九四二年元旦，美、英、蘇、中等二十六個反法西斯國家的代表齊集白宮，簽署了《聯合國家宣言》。至此，不同社會制度、種族、信仰和語言的國家在戰敗法西斯的共同旗幟之下，實現了政治、軍事和經濟方面的空前大聯合，以美、英、蘇、中為主體的國際反法西斯同盟正式宣告成立。

第十八章　由防禦到反攻

（一）

自從珍珠港事件以來，羅斯福總統一直督促他的軍事參謀部，要尋找機會轟炸日本東京，以此對此次偷襲事件作一次小小的報復。

一九四二年四月二日，新服役的「大黃蜂號」航空母艦載著陸軍航空隊第一流的飛行員、當年飛行速度世界紀錄保持者詹姆斯·杜立德中校的機組人員，從三藩市起航。十六架 B-25 轟炸機在經過改裝後增設了油箱和假機尾機關槍，小心謹慎的滑落在飛行甲板上。

為了不被敵人發現，「大黃蜂號」穿過北太平洋風暴區，將在阿留申群島和中途島之間的一個指定地點同哈爾西海軍中將的「企業號」會合。這個被命名為「麥克特遣艦隊」在陰沉的海面上向著九州海岸以西約六百英里的起飛點破浪行進。

四月十八日，杜立德率領的 B-25 式轟炸機群執行了對日本東京的空襲。這次空襲共摧毀了九十座建築物。就物質破壞而言，雖然價值不大，但對這個世代以為日本本土不會遭到攻擊的民族來說，還次空襲在他們的心理上引起了難以言狀的震動。

這次空襲東京成功，使珍珠港事件以來感到頹喪的美軍士氣為之一振。這個行動也好像在展示美國即將採取進攻姿態了。

美國飛機對東京的成功空襲，致使東條英機一夥尤為惱怒，從而更加強了山本五十六要進攻中途島的論據。他決心要打垮美國艦隊。

六月四日，日美海軍航空兵在珍珠港西北一千一百三十四英里處的中途島海域中展開激戰，結果日軍損失四艘航空母艦、三百三十架飛機，美軍僅損失一艘航空母艦和一百五十架飛機。

這一戰役也代表著太平洋戰場的戰略轉折，喪失海軍優勢的日軍由進攻開始轉為防禦，美軍則開始由防禦轉為進攻。

雙方在經過為期兩個月的休整後，隨即又爆發了一場歷時半年的大戰役——瓜達康

第十八章　由防禦到反攻

納爾島爭奪戰。擁有優勢兵力和火力的美軍取得了完全勝利，日本則充分暴露出國力有限、戰線過長、海空軍備不及美國力量雄厚等弱點。至此，日美兩國的海軍力量進一步發生變化，美國完全掌握了制海權和制空權。

在「阿卡迪亞」會議期間，邱吉爾向羅斯福提出了關於在北非登陸的「體育家計畫」。羅斯福當即表示贊同。

一九四二年七月二十五日，羅斯福正式批准了這一代號為「火炬」的行動計畫，聯合參謀長委員會任命艾森豪為盟軍北非遠征軍總司令。

十一月八日，英美聯軍在卡薩布蘭卡、阿爾及爾、奧蘭三地登陸，其中進攻並占領卡薩布蘭卡的是巴頓將軍。隨即，英美聯軍又占領了整個摩洛哥和阿爾及利亞地區，並直逼突尼斯城下。

次年春夏之交，盟軍與德國「非洲軍團」司令、「沙漠之狐」隆美爾統帥的德軍在突尼斯展開激戰。五月二十三日，二十五萬德意軍隊被迫投降，盟軍取得了二戰以來最大的一次勝利。

北非的解放，也令地中海上的航路開始暢通，並可由此經蘇伊士運河直達印度洋，使得從波斯灣增援蘇聯成為可能；並且，對邱吉爾所稱的「歐洲柔軟的下腹部」施加打擊的道路也敞開了。

此外，它還徹底粉碎了德、日企圖在中東和印度會師的狂妄計畫。史達林對北非戰役的評價極高，他說：

「非洲的軍事行動表明，戰爭的主動權轉到我們盟軍手中了，歐洲的占據也從根本上變得有利於英美蘇同盟。它破壞了軸心國體系中的領導力量以及希特勒在德國的威信，從精神上瓦解了希特勒在歐洲的盟友，……它為打垮義大利和孤立希特勒德國創造了條件。最後，它為在更靠近德國的要害地區開闢歐洲第二戰線創造了前提。而這對戰勝希特勒暴政將具有決定性的意義。」

(三)

一九四三年的上半年，是大西洋海戰的決定性時期，英美加強了對付德國「狼群」的手段。德國海軍上將鄧尼茨已漸漸感到力不從心，只能拚命督促建造新的潛艇，但仍然不能快速彌補損失。相反，英美兩國用於對付德軍潛艇的艦船和飛機的數目卻增加了四倍多。

一九四三年六月，盟軍在地中海開闢新的戰場。艾森豪將軍出任地中海戰場盟軍總

第十八章　由防禦到反攻

司令，英國的亞歷山大元帥任進攻西西里島的總指揮。

七月九日夜，巴頓將軍率領的美軍和蒙哥馬利率領的英軍共十六萬登陸大軍開始行動，兩天內就輕而易舉的登上了西西里島。在人數、裝備和士氣方面均明顯處於下風的義大利軍隊頃刻間土崩瓦解，趕來救援的德軍也很快被逼回義大利本土。接連慘敗的義大利法西斯政權內憂外患，難以為繼，軸心國同盟此時已顯敗勢。

七月二十五日，義大利國王維克托·伊曼紐爾召見了墨索里尼，宣布他為「義大利最遭人痛恨的人」，隨即以保護墨索里尼的安全為名將其拘禁。幾天後，墨索里尼被送往荒無人煙的馬達萊納島。

義大利新上台的政府由曾經政府衣索比亞的佩特羅·巴多格里奧元帥統領。一九四三年九月三日，巴多格里奧政府與盟軍簽訂停戰協定，並於四十天後對德宣戰。這一行動，標誌著軸心國的解體。

一九四三年，反法西斯同盟各國的雄厚經濟潛力和軍事潛力日漸發揮出明顯的優勢。德蘇戰場經過史達林格勒和庫爾斯克兩次戰略性勝利，殲滅了德軍大量的有生力量，蘇軍在德蘇戰場上也完全掌握了主動權。

形勢的轉折給同盟國也提出了一系列的問題。羅斯福非常希望舉行一次三國首腦會議，當面同史達林就這些新的問題進行磋商。於是，他與邱吉爾聯名致電史達林，建議舉行三國首腦會議，以便在「戰爭的關鍵時刻共同探討整個局勢」。

幾天後，史達林覆電表示，可先舉行三國外長會議，隨即同意在十一月底舉行首腦會議。羅斯福和邱吉爾遷就了史達林，最終達成了在德黑蘭召開會議的協定。

十一月二十七日，羅斯福和邱吉爾乘坐飛機由開羅飛抵德黑蘭參加會議，航程達一千三百一十英里，隨行七十多人。此次會議也吹響了戰略反攻的號角，為奪取反法西斯戰爭勝利進行了必要的思想準備和組織準備。

第一次會議於十一月二十八日下午四點舉行。史達林和邱吉爾共推舉羅斯福總統主持第一次會議。德黑蘭會議的大部分時間都是討論軍事問題。在「三巨頭」分別介紹了各自戰場的情況後，便集中討論了史達林所要求的迅速開闢第二戰場的問題。經過反覆協商，終於確定在一九四四年五月開闢歐洲第二戰場。這是德黑蘭會議關於軍事問題的一個重要決定。羅斯福在這個問題上支持史達林的意見。

在會上，羅斯福對戰後國際組織的構成也進行了很具體的設計。他在一張紙上畫了三個圈：中間的一個圈標明「執委會」，右邊一個圈標上「四個員警」，左邊圈上寫著「四十個聯合國家」。這一構思就是以後聯合國的安全理事會、四個常任理事國和聯合國

第十八章　由防禦到反攻

大會。史達林對羅斯福提出的監視和平的「四個員警」概念表示很感興趣。

會談中還討論了在德國失敗後肢解德國的計畫，西方領導人還表示默許蘇聯繼續占領波羅的海國家。這些國家是在一九三九年加入蘇聯的。

德黑蘭會議從一九四三年十一月二十八日一直開到十二月二日。在忙忙碌碌的四天當中，羅斯福同邱吉爾和史達林在會議桌上和吃飯時都在進行著磋商，又單獨同史達林會談過幾次。

德黑蘭「三巨頭」會議，確如邱吉爾所言，是人類歷史上一次無與倫比的物質力量和政治權威的大匯合。一九四三年聖誕前夜，羅斯福在「爐邊談話」中回顧了這次旅行。他說：

「用一句美國式的、不怎麼合乎法語的口頭語來說，我同史達林元帥可以說是『相處得不錯』。他是一位具有堅定信念、不講情面而又性格爽朗的人。我認為，他是俄國精神的真正代表；我認為，我國的同胞同他和俄國人會相處得非常好。」

在另外一個場合，羅斯福還評價此次會議說：

「我認為這次會議很成功，並且我確信它是一件歷史性的事件。它表明：我們有能力共同戰鬥，更能夠在融洽的氣氛中和平地工作。」

第十九章　四度連任

沒有書籍，就不能打贏思想之戰，正如沒有艦就不能打贏海戰一樣。

——羅斯福

第十九章　四度連任

（一）

在一九四四年的整個春季，盟軍在英格蘭南部大規模的集結兵力，使「這個島由於它所負載的兵力和物資重量似乎快要沉沒了」。

六月六日凌晨，盟軍乘比較有利的潮汐和月光橫渡英吉利海峽，出其不意的在諾曼第地區登陸，隨後頑強的鞏固了灘頭陣地，並向縱深推進，登陸部隊達三十多萬人。

登陸戰役一直持續到七月二十四日，最終盟軍以慘痛的代價取得了勝利。這場世界戰爭史上規模最大的兩棲登陸戰役得到了史達林的高度評價。他在答《真理報》記者提問時說：

「（諾曼第登陸）計畫之周密、規模之宏大和行動之巧妙，在戰爭史上未有先例，……它將會被作為最偉大的業績而載入史冊。」

從一九四三年夏季起，美軍就開始向太平洋中部和南部各個島嶼發起進攻。麥克阿瑟將軍和威爾金森海軍少校不約而同的設計出了「跳島戰術」，即繞過日軍主要據點，切斷它們相互之間的交通線，並用海、空實力將其封鎖起來，讓駐守的日軍「枯萎在蔓藤上」。

到一九四四年夏，美軍接連攻占了傑爾伯特群島、馬紹爾群島、新幾內亞島和馬利安納群島等。八月十日，美軍又占領了被日本稱為「海上長城的心臟」的關島，突破了日本在太平洋上的內防禦圈。日本面臨著本土與南方交通線被切斷、美國將直接在菲律賓、臺灣和日本本土登陸的危險。

七月二十日，東條英機內閣被迫辭職，由小磯國昭出任日本首相。同日，柏林的一間會議室裡的一枚炸彈險些要了希特勒的命。

而巧合的是，同樣也是在這一天，羅斯福第四次被提名競選美國總統。

十幾年來超負荷的工作，令羅斯福的健康狀況明顯地每況愈下。身心交瘁的羅斯福有時會迷糊在辦公桌上，有時又明顯流露出不願意過問政事的表情。

從德黑蘭回來後，羅斯福的身體更加衰弱。一九四四年三月，他患了六個月的嚴重支氣管炎，並住進了貝薩斯達海軍醫院。醫生發現，羅斯福的心臟擴大，血壓很高，患有動脈硬化和高血壓症。遵照醫生的囑咐，羅斯福將吸煙量從每天的兩包減少為一包，同時還減輕了體重，這讓他看起來顯得蒼老而憔悴。

政治年輪又轉到了一九四四年的總統大選年。這一次，羅斯福確實渴望能停下來休息了。他寫信給民主黨全國委員會主席羅伯特．漢尼根說：

「我的靈魂總是在召喚我回到哈德遜河畔的老家去。」

第十九章　四度連任

但是，一份有六千多名煉鋼工人簽名的請願書卻對總統說：

「我們知道您很累，但我們沒有辦法，我們不能讓您退職。」

另一封信更是深深震動了羅斯福的內心，信中寫道：

「當今世界憂患重重，請不要撇下我們不管。上帝將您放在世界上的這個地方，就是要您作我們的北斗星。」

羅斯福的內心波瀾起伏：險惡的戰爭已經曙光在前，但戰後國際風雲必將詭異莫測，所有同時代的人都遠不及我那般洞悉美國政府或世界政治，軍事策略和盟國外交都是我經手操辦的，何況那個寄託著威爾森式的夢想的聯合國尚在未定之天，歷史將在我身後對我做出怎樣的評價呢？……

七月十八日，民主黨全國代表大會在芝加哥召開，羅斯福此時正在聖達戈，打算從那裡乘船前往珍珠港，同尼米茲和麥克阿瑟商討今後太平洋的戰略。大會首輪投票選舉就通過了對羅斯福的提名，但在副總統的候選人卻起了爭論。鑒於羅斯福的健康問題已經有目共睹，許多代表認為選擇一個競選夥伴就等於是選擇了一個下屆總統。

由於廣泛的反對，羅斯福才勉強捨棄了現任副總統華萊士，爾後艱難而又讓人意外的從三名人選中選定來自密蘇里州的參議員、謙虛平實而又性情暴躁的哈利·S·杜魯門。

（二）

依據四年前的啟示，共和黨選出了一位溫和而富有才智的候選人——年僅四十二歲，卻已有十年紐約州州長經驗的湯瑪斯·杜威。

杜威開始在全國巡迴演說，他既不攻擊政府的外交政策，也不攻擊羅斯福的社會目標，而是反覆強調現政府是一群「累壞了的老頭子」；他還提出羅斯福政府和臨時機構經常發生口角、爭吵和不合體統的勾心鬥角。這兩點的確讓人難以反駁。

而羅斯福為了讓選民們對他的健康狀況放心，請醫生為他開具了一張公開的健康證明書，證明「他的器官毫無毛病，完全健康。他每天都擔負非常繁重的工作，但他完全能夠勝任，精力過人」。

在隨後的兩週裡，羅斯福又前往費城、芝加哥、波士頓，最後又返回海德公園發表演說。在整個競選過程中，細心的民眾不難發現，他們的總統的確蒼老了：拿著演說稿的手不時顫抖，機智和詼諧明顯少了，有時還會出現意外的停頓或含混。

不過，在答覆共和黨對他的誹謗時，羅斯福還是作出了被許多撰稿專家認為是他政治生涯中最精彩的演說：

好啦，我們又在一起了——這是在四年之後——這四年會是什麼樣的年頭啊！我

第十九章　四度連任

的確老了四歲——這似乎讓某些人感到惱火。其實，自從一九三三年我們開始清除堆積在我們身上的爛攤子的那個時候算起，我們千百萬人都老了十一歲。

平易近人的演說引起了聽眾深深的共鳴，一下子將大家拉回到了大蕭條與新政的時代，輕描淡寫的打發了對他這個「累壞了的老頭子」的譴責。

一九四四年十一月七日，羅斯福以選舉人票一百三十二票對杜威的九十九票，選民票以兩千五百六十萬票對杜威的兩千兩百萬票，再度獲勝。

一九四五年一月二十日，羅斯福第四任總統就職典禮儀式在白宮舉行。公開的理由是：戰時不應搞鋪張排場。但不少人都清楚：羅斯福總統已經衰弱得沒有力氣經過賓夕法尼亞大街這條長長的遊行路線去參加就職典禮了。

一月六日，羅斯福向第七十九屆國會提交了一九四五年度國情咨文，為那傾注了他極大心血的聯合國組織呼籲支援和理解。他說：

「持久和平賴以為基礎的國際合作並不是單行道。……一九四五年這新的一年，可以成為人類歷史上成就最大的一年。這一年可以看到法西斯納粹恐怖統治在歐洲的結束；可以看到討伐大軍緊縮對帝國主義日本邪惡勢力中心的包圍。最重要的是——一九四五年可以看到，而且必然看到世界和平組織的實質性開端。」

令人們扼腕嘆息的是：這一切在幾乎人人都可以立即看到的時候，它們最主要的締造者卻沒能夠看到。

即便是在戰爭相當緊迫時，羅斯福也沒有將戰爭與和平這兩大主題分開考慮，尤其是沒有迴避有關戰後世界的安排問題。從過程來看，羅斯福在處理這些重大事務時顯得輕鬆自若，以至有時顯得隨意而亂套，戰後一些美國的批評家在這點上對他多有職責，說羅斯福過於天真而不現實，對史達林讓步過多；如果羅斯福能透過更為現實主義的態度對待史達林，就能遏止蘇聯的擴張。有批評家還稱，美國「丟失中國」的責任追本究源，也當推羅斯福。

但事實上，這些批評都不同程度的有失偏頗，或顯得意氣用事。羅斯福能夠超越或透過彌漫的戰爭硝煙而將目光定格於戰後的世界格局，能夠為那個寄寓他的理念和希望的世界和平組織奔走呼號，甚至嘔心瀝血，並使之初具雛形，已經充分表明身負重任而深謀遠慮、於艱難時世而前瞻和平者，非羅斯福莫屬。而這些批評者，只是看到了羅斯福的行事風格，卻忽略了有許多羅斯福無法控制的趨勢或事因而促成的那些事實。

第十九章　四度連任

（三）

一九四五年一月九日，聲勢浩大的美軍在菲律賓登陸，向馬尼拉推進。在這期間，美國的 B-29 重型轟炸機頻繁地空襲日本本土，加速了日本戰爭經濟的崩潰和日本帝國主義的失敗。

在歐洲戰場上，蘇軍也在一九四五年初將德軍趕回柏林地區，波蘭和東歐的大部分已經解放；西線德軍在亞爾丁地區的反撲也被徹底摧毀；義大利戰區的盟軍正計畫北進。三面受敵的德國失敗已成定局。

這時，戰時同盟國之間的猜忌、矛盾和利益衝突伴隨著勝利的即將到來隨之加大。羅斯福多次建議盡早舉行三國首腦會議。在徵得對方同意後，羅斯福與史達林就會議舉行的地址問題在頻繁的電報中來回協商多次。史達林最大的讓步是在蘇聯南部的黑海海濱雅爾達舉行會議。這就意味著：身體極其衰弱的羅斯福又要遠渡重洋——先需要為期十天、四千八百八十三英里的海上航行，再飛行一千三百七十五英里，然後才能到達滿目瘡痍、衛生條件和其他設施極差的雅爾達。

對此，邱吉爾抱怨說，即使我們花十年時間去尋找，也找不到比雅爾達更糟糕的地方——那裡只對斑疹、傷寒和要命的蝨子有利。

一月二十三日，羅斯福乘坐「昆西號」巡洋艦橫渡大西洋。途中，船上的人員為總統舉行了六十三歲生日歡慶會。

雅爾達會議從一九四五年二月四日一直開到二月十一日，它是盟國在戰時所有九次會議中爭論最為激烈的一次，在協調盟國最後戰勝德、日法西斯的戰略計畫方面卓有成效，對戰後世界格局的形成和大國勢力範圍的劃分有重大關係，也為戰後冷戰和國際間的紛爭播下了某些種子。

雅爾達會議還有一項關於遠東問題的祕密協定，這是由羅斯福和史達林兩人商定的，事後讓邱吉爾參加了簽字。在羅斯福的外交活動中，最受攻擊的就是他參與制定了這個祕密協定。這是羅斯福與史達林之間的一次祕密交易。作為提出協定的目的——迅速打敗日本，這是正確的；然而作為達到目的手段——背著盟國和中國、侵犯中國的利益和主權，則是荒謬和錯誤的。

協定以明確的語言規定「在德國投降及歐洲戰爭結束後二個月或三個月內，蘇聯將參加同盟國方面對日作戰」的三個條件：

一，維持外蒙古（蒙古人民共和國）現狀。

二，恢復一九〇四年日本進攻時所破壞的原屬俄國的各項權益，即：將庫頁島南部

第十九章　四度連任

及鄰近一切島嶼歸還蘇聯；大連商港國際化，保證蘇聯在這個港口的優越權益，恢復租借旅順港為蘇聯海軍基地；設立中蘇合營公司，對通往大連的中東鐵路及南滿鐵路進行共管，保證蘇聯的優越權益，而中國保持在滿洲的全部主權。

三，千島群島交予蘇聯。

這一協定在簽字時，中國方面毫不知情。作為參加世界反法西斯戰爭的盟國、被列為「四大國」之一的中國，當以它的主權和利益為物件的討論時，卻被排斥在外。直到杜魯門總統執政後，才通知中國外交部長宋子文有這樣一個協定。這是對中國主權和利益的踐踏，事實上這正是大國強權政治的醜惡表現。

在羅斯福政治生涯的晚期，他的一個突出的政治思想，就是戰後世局由美蘇兩家說的算。《雅爾達協定》就是一個例證。儘管羅斯福在與史達林談判時一再表示他不能代表中國，但事實上他還是扮演了越俎代庖的角色。

第二十章　未完成的畫像

所有人民都應該享有四大自由——言論自由、信仰自由、免於匱乏的自由和免於恐懼的自由。

——羅斯福

第二十章　未完成的畫像

（一）

雅爾達之行對健康狀況每況愈下的羅斯福來說，簡直就是雪上加霜。孜孜於自己的規劃和理想的羅斯福，似乎在與已經不多的飛逝的時光賽跑。

在「三巨頭」分手的前夜，史達林在宴會上提議為美國總統羅斯福的健康乾杯。他說：

「我和邱吉爾先生在我們各自的國家裡，相對來說，下決心比較簡單。這兩個國家都是為它們自身的生存而同希特勒德國作戰。這裡有第三個人，他的國家未曾受到侵略的嚴重威脅，也沒有瀕臨即時的危險，他就已經多半出於對國家利益的更廣泛考慮，成為導致全世界動員起來以反對希特勒的種種手段的主要鍛造者。」

羅斯福回答說：

「我們這些領導人在這裡的目的，就是要給這個地球上的每一個男人、婦女和兒童以安全和幸福的可能。」

二月二十八日，經過十幾天的奔波勞碌，羅斯福終於回到了華盛頓。

三月一日，羅斯福出現在國會大廳。這麼多年來，他第一次也是最後一次被迫坐著向議員們發表演說。他請求大家理解，並解釋說：

「這對於我要比不得不在我兩條腿的下部帶上差不多十磅鋼架要方便得多；另外，我剛剛旅行了一點四萬英里歸來。」

總統的容貌令在場的人感到震驚，他們一眼就看出他「十分明顯的健康惡化」；他吐詞含混不清，念講稿時也結結巴巴，時而停頓，時而插入一些無關的枝節問題；他的右手顫抖，艱難的用左手翻讀講稿；他灰藍色的眼睛看上去有些迷蒙；……

但是，當羅斯福在描述雅爾達會議的成就，並要求國會接受「永久性的和平結構」——聯合國時，他的臉上再次重現了熱情，語調也變得昂揚慷慨，往昔那種站在講壇上的狀態再一次恢復了。

這年的三月，天氣異常悶熱，白宮辦公室裡堆滿了等待總統處理的檔案，許多人都在等候謁見總統。白天，羅斯福忙著會見客人；晚上，他還要加班批閱大量的檔案。夜以繼日，他獨自坐在橢圓形的辦公室裡埋頭工作。年輕的祕書奧格登少校有時送來重要文電要等上好長時間，因為總統沉浸在高度集中的思考狀態中，遲遲認不出他來。

奧格登站在一旁端詳著這位坐在那張堆著一疊疊文件的桌子後面的人物，心中百感交集。他感到總統似乎一天天的變得疲乏衰頹、遲鈍木然，好像他那寬闊的肩膀上壓著千斤重擔似的。

第二十章　未完成的畫像

保健醫生麥金泰爾要求給總統減少工作，以便他能夠鬆弛一下那繃緊的神經。總統夫人艾莉諾也附和著發出焦慮不安的抗議，但一點用也沒有。羅斯福感到，比起正在以排山倒海之勢席捲德國的艾森豪部隊的士兵們來，或比起那些冒著槍林彈雨戰鬥在硫磺島礁岩上的海軍陸戰隊員們來，自己就更沒有理由休息了。為了贏得戰爭，有多少人犧牲了，有多少朋友和同事病倒了。想到這裡，他的心情就異常沉重。他不止一次的對他周圍的工作人員說：

「我痛恨戰爭，我熱愛和平。但是，為了和平，必須要敢於作出犧牲啊！」

(一)

隨著總統的健康狀況愈來愈壞，麥金泰爾醫生非常著急。後來，他與總統夫人一塊邀請了幾位外交使團的朋友幫著說情。

加拿大大使麥卡錫是羅斯福總統的一位好朋友，以前他經常陪羅斯福去溫泉休養。於是，他找到羅斯福，對總統說：

「如果能好好到溫泉休息一個月，會讓你快速恢復活力，更加精神飽滿的工作。你要從長遠考慮啊！」

「那麼長時間可不行！」羅斯福說，「不過，我打算在四月分去三藩市之前，先到溫泉去待上兩三個星期。」

就這樣，在眾多好友的勸促下，羅斯福終於在耶穌受難日三月三十日離開了白宮。四月初的喬治亞溫泉，草長鶯飛，陽光明媚，山坡上開滿了各種各樣的野花。置身於這裡的羅斯福似乎恢復很快，情緒也開朗起來。這裡的鄰居們還在一棵老橡樹下為總統舉行了一場烤全豬的露天聚餐。而後，羅斯福坐在那裡欣賞四周的景致。

每天都會有電報和郵件送來，裡面主要是前日或當日的報紙以及需要總統批閱的檔案。此時，各大戰場頻繁傳來捷報：攻占馬尼拉市後的美軍乘勝擴大戰果，琉璃島在三月底已被攻克。四月一日，規模浩大的沖繩戰役開始，幾乎絕望的日軍拚死守護著日本本土的最後一道屏障。這一系列的消息都讓羅斯福感到精神振奮。

這幾天羅斯福一直在考慮四月十三日要發表的那篇演說稿，那是為紀念民主黨的精神之父湯瑪斯·傑佛遜誕辰兩百零二週年的集會而準備的，屆時全國都將透過廣播收聽到羅斯福的聲音。其中有一段話是這樣寫的：

「今天，我們面臨的突出問題就是：文明如果能夠倖存，就必須培植或促進人類關心良好發展的科學——各種民族能夠在同一個地球和世界上和平地一起生活、一起工作

第二十章　未完成的畫像

的能力。」

四月十二日這天，羅斯福還在演說稿的末尾加上這樣一句話：

「我們要懷著堅強和積極的信念前進。」

這也是羅斯福在生命中所寫下的最後一句話。

四月十二日，溫泉天氣晴朗，陽光明媚。中午時分，羅斯福年輕時的一位女友露西·拉瑟弗德夫人乘坐一輛旅行車攜同著名女畫家伊莉莎白·肖馬托夫前來為總統畫像。

羅斯福穿戴整齊，神定氣閒的坐在皮扶手椅上，與露西和伊莉莎白聊天。護士薩克利小姐在一邊守護。

下午一點，羅斯福繫著哈佛紅領帶，擺好姿勢，準備讓畫家為他畫像，期間他還不時的拿過一份檔案審閱。

一刻鐘後，當畫家正在緊張工作時，護士突然發現總統的頭在前傾，雙手也在籐椅上亂摸。她和露西急忙走到他跟前，跪在地上，抬頭望著他的臉問道：

「您是不是想吸煙？」

羅斯福望著露西的眼睛，輕聲的說出了最後一句話：

「我頭痛得厲害。」

他舉起手想要捏一捏太陽穴，可話一說完，他的手臂就無力的垂了下來，頭也垂到了左胸前……

護士和露西急忙跑到外面打電話，叫布魯恩醫生速來總統的別墅。總統的貼身男僕和服務員也急忙跑到起居室，將不醒人事的羅斯福從椅子上扶起來，抱到旁邊的一間臥室裡。

羅斯福渾身發涼，但卻出了很多汗。大約幾分鐘後，布魯恩醫生來了。他立即確診為總統患了嚴重的腦溢血，並採取了急救措施。但羅斯福始終沒有甦醒過來，整個別墅都可以聽到他那緊張而急促的呼吸。

下午三點三十五分，羅斯福總統經搶救無效，停止了呼吸。

（三）

四月十二日下午五點四十七分，全美三大通訊社向海外發出美國總統羅斯福逝世的電訊。七點九分，哈利·杜魯門由首席大法官哈蘭·斯通主持宣誓就職，成為美國第三十三任總統，地點是在白宮內閣的會議室。

羅斯福總統的遺體被運回華盛頓後，並沒有像以前的林肯總統和後來的甘迺迪總統的遺體那樣，安放在國會大廈圓形大廳供人們瞻仰。他生前不希望這樣做，他的遺願得到了尊重。

但是，白宮外面還是聚集了黑壓壓的人群，其實也沒什麼可看的，人們也沒打算能看到什麼，他們只是默然佇立著，若有所失。美國人紛紛停下手中的活計，腦子空洞而又茫然。泣不成聲的人們不僅為引導了他們十二年之久的總統哭泣，更是在為自己失卻了這種依託後無法預期和把握的前途哭泣。

即便是那些曾經反對過羅斯福或與他有過宿怨的人也驀然發現，當一切頓成往事時，自己同總統竟然隔得如此之近！羅斯福的國會山上的強硬對手羅伯特·A·塔夫脫動情的說：

「蓋棺定論，他是個戰時英雄。他為了美國人民，確實是鞠躬盡瘁，死而後已。」

富蘭克林·羅斯福逝世的消息迅速傳遍了全世界，反法西斯國家的人民都沉痛地悼念這位偉大的總統。史達林、邱吉爾和其他國家的領導人都紛紛發來唁電，表彰這位偉大的政治家在反法西斯戰爭中所做出的傑出貢獻。

邱吉爾在他的回憶錄中寫道：

「關於羅斯福總統，我們可以說：如果他當時沒有採取他實際上採取的行動；如果他

第二十章　未完成的畫像

心中沒有感受到自由的洶湧波濤；如果在我們親身經歷過的極端危難時刻，他沒有下定決心援助英國和歐洲；那麼人類就會陷於可怕的境地，在若干世紀之內人類的整個前途就將沉淪於屈辱和災難之中。」

在唐寧街十號，當邱吉爾接到這一個噩耗時，頓時感到「挨了一記重擊」，感到一種深重得無法置換的損失降臨了。幾天後，邱吉爾首相在聖保羅大教堂羅斯福的追悼儀式上失聲痛哭。

四月十四日上午十點，海軍陸戰隊、坦克部隊、陸軍和各兵種的女兵護衛著覆蓋著黑絲絨和星條旗的靈車穿過華盛頓的街道。六匹白馬拉著載有靈柩的炮車，車後是一匹孤獨的乘馬，戴著眼罩，馬蹬倒懸，垂掛著一柄劍和一雙馬靴——象徵著勇士已經撒手人寰。

下午四點，總統的祭奠儀式在白宮東大廳舉行。羅斯福生前用過的輪椅，赫然擺在祭壇的旁邊。

當新任總統杜魯門走進東大廳時，人們竟然忘記起立。這種儀式上的疏忽連杜魯門自己也沒有意識到，「或許即便意識到了，他也能理解在場的人還不能將他同他那崇高的職位聯想在一起。他們所想到的，是他們的總統去世了」。

第二十章　未完成的畫像

然而，當羅斯福夫人出現在東大廳門口時，所有的人都起立了，然後緩緩退出大廳。一襲黑紗的艾莉諾終於獨自與丈夫待在一起了。她最終控制不住自己的感情，輕撫了丈夫的臉頰，然後將一束玫瑰放在靈柩之中。於是，靈柩從此封蓋起來。

次日一早，載著靈柩的炮車和騎乘沿著陡峭的山麓攀援而上，到達羅斯福宅第所在的小山丘上。在那被高大的鐵杉樹和籬笆密密圍著的玫瑰園中，親人、朋友、僕人和士兵們肅立在墓穴四周。西點軍校的學員組成的儀仗隊鳴槍，向這位偉大的總統作最後的致敬。

上午十點許，富蘭克林·德拉諾·羅斯福回歸大地。

富蘭克林·羅斯福總統雖然沒有親眼看到反法西斯戰爭的最後勝利，雖然沒有讓畫家完成他那所希望的水彩畫像；但是，他也可以死而無憾了。

在他逝世二十五天後，作惡多端的德國法西斯宣布無條件投降；在他逝世三個多月後，日本法西斯也宣布無條件投降。他的畫像雖然沒有完成，但他在世界人民的心中樹起了一座豐碑。全世界所有愛好和平的人民，都將永遠懷念他在這一偉大戰爭中所作出的歷史功績……

羅斯福生平大事年表

一八八二年一月三十日　富蘭克林·德拉諾·羅斯福出生在美國紐約州的海德公園村。

一八八五年　隨父母第一次去歐洲。

一八八七年　跟隨父親到白宮拜見克里夫蘭總統。

一八九〇年　開始集郵，這一習慣成為他終生的愛好。

一八九六年　進入格羅頓公學就讀。

一八九八年　美西戰爭爆發，欲與同學翹課前往波士頓參軍，未遂。

一九〇〇年　從格羅頓公學畢業，九月進入哈佛大學就讀。十二月，父親詹姆斯去世。

一九〇一年　遠房堂叔狄奧多·羅斯福成為美國第二十六任總統。羅斯福以出色的表現被選為哈佛的編輯。

一九〇四年　從哈佛大學畢業，秋季入哥倫比亞大學就讀。

一九〇五年　與遠房堂妹安娜·艾莉諾·羅斯福結婚。

一九〇七年　從哥倫比亞大學退學，沒有拿到學位證，通過紐約律師資格考試，進入一所著名的律師事務所。大兒子詹姆斯出生。

羅斯福生平大事年表

一九一〇年　當選為紐約州參議員。兒子伊里亞德出生。
一九一一年　前往紐約州府奧爾巴尼就任參議員，舉家隨往。
一九一二年　為威爾森獲得民主黨總統候選人提名奔走呼號，引人注目。
一九一三年　威爾森出任美國第二十八任總統，羅斯福被任命為海軍助理部長，表現出色。
一九一四年　第一次世界大戰爆發。競選聯邦參議員，失敗。
一九二〇年　被提名為民主黨副總統候選人，辭去海軍部工作，投入競選，但被哈定·柯立芝擊敗。
一九二一年　成為普通公民，重操律師舊業。八月，在芬迪灣坎波貝洛游泳時突患脊髓灰質炎，致使下肢癱瘓。
一九二四年　病情好轉後，在紐約民主黨全國代表大會上露面。
一九二七年　出資成立醫療小兒麻痺症患者基金會，在喬治亞溫泉建立小兒麻痺症患者水療中心。
一九二八年　宣布接受紐約州州長候選人提名，並贏得州長職位。
一九二九年　正式出任紐約州長。十月二十四日，紐約股市「黑色星期四」，經濟大危機開始。
一九三〇年　連任紐約州長。
一九三二年　被民主黨推舉為總統候選人，以極大優勢戰勝在任總統、共和黨候選人胡佛。
一九三三年　出任美國第三十二任總統。開始實施第一次「百日新政」。
一九三五年　提出實施加強社會改革的第二次新政，並取得明顯的效果。
一九三六年　擊敗艾爾弗雷德·蘭登，第二次競選成為美國總統，繼續實行新政。
一九三七年　第二次就任美國總統。
一九三八年　要求國會批准陸海軍的額外撥款。國會根據羅斯福的要求，通過了十年建造軍艦一百一十五萬噸的《文森海軍擴軍法》。
一九三九年　向希特勒和墨索里尼發出信件，要求他們不對三十一個國家發動侵略，遭到希特勒的嘲諷。同年，第二次世界大戰爆發，美國宣布全國處於緊急狀態。
一九四〇年　戰勝共和黨總統候選人溫德爾·威爾基，第三次當選美國總統。
一九四一年　向國會提交租借法案，獲得通過。與邱吉爾舉行大西洋會議，發表《大西洋憲章》。日軍偷襲珍珠港。次日，羅斯福宣布美國對日宣戰。
一九四二年　二十六國在華盛頓簽署《聯合國家宣言》。美國制定出「曼哈頓計畫」，並首次轟炸東京。
一九四三年　與邱吉爾在卡薩布蘭卡會晤，制定歐洲戰略。「三巨頭」召開德黑蘭會議。
一九四四年　擊敗共和黨總統候選人湯瑪斯·杜威，第四次當選為美國總統。
一九四五年　參加雅爾達會議，商議戰後世界安排等事宜。四月十二日下午三點三十五分，富蘭克林·德拉諾·羅斯福因腦溢血在喬治亞溫泉去世，終年六十三歲。遺職由副總統杜魯門接替。

電子書購買

國家圖書館出版品預行編目資料

輪椅上宣戰：挽救資本主義、擊敗法西斯 美國任期最久的總統小羅斯福 / 陳深名 著 . -- 第一版 . -- 臺北市：崧燁文化事業有限公司, 2021.04
面； 公分
POD 版
ISBN 978-986-516-511-6(平裝)
1. 羅 斯 福 (Roosevelt, Franklin Delano), 1882-1945) 2. 元首 3. 傳記 4. 美國
785.28　109017533

輪椅上宣戰：挽救資本主義、擊敗法西斯
美國任期最久的總統小羅斯福

臉書

作　　者：陳深名　著
發 行 人：黃振庭
出 版 者：崧燁文化事業有限公司
發 行 者：崧燁文化事業有限公司
E-mail：sonbookservice@gmail.com
粉 絲 頁：https://www.facebook.com/sonbookss/
網　　址：https://sonbook.net/
地　　址：台北市中正區重慶南路一段六十一號八樓 815 室
Rm. 815, 8F., No.61, Sec. 1, Chongqing S. Rd., Zhongzheng Dist., Taipei City 100, Taiwan (R.O.C)
電　　話：(02)2370-3310　　傳　　真：(02) 2388-1990
印　　刷：京峯彩色印刷有限公司（京峰數位）

定　　價：320 元
發行日期：2021 年 04 月第一版
◎本書以 POD 印製